增长：创业5项基本功

赵嘉俊 著

中国华侨出版社
·北京·

图书在版编目（CIP）数据

增长：创业5项基本功 / 赵嘉俊著. -- 北京 : 中国华侨出版社, 2025. 5. -- ISBN 978-7-5113-8763-9

Ⅰ．F241.4

中国国家版本馆CIP数据核字第2025XQ0767号

● 增长：创业5项基本功

著　　者：	赵嘉俊
责任编辑：	王　嘉
经　　销：	新华书店
开　　本：	880毫米×1230毫米　1/32开　印张：9　字数：230千字
印　　刷：	三河市嵩川印刷有限公司
版　　次：	2025年5月第1版
印　　次：	2025年5月第1次印刷
书　　号：	ISBN 978-7-5113-8763-9
定　　价：	68.00元

中国华侨出版社　北京市朝阳区西坝河东里77号楼底商5号　邮编：100028
发行部：（010）64443051　　编辑部：（010）64443056

如发现印装质量问题，影响阅读，请与印刷厂联系调换。

这不是一本书，

而是送给创业者的一份礼物

序

亲爱的读者朋友你好，见字如面。

2014年9月1日，我正式踏入教育培训行业，这一走，就是10年。在这10年的时光里，我经历了无数的风风雨雨，也收获了无数的喜悦与成就。今天，我终于完成了这本书的撰写。这本书的完成，标志着我10年的辛勤付出和不懈努力，终于结出了丰硕的果实。

这本书的准备，历时10年。它伴随着我一起走过了十几个国家、几十个城市、几百个日日夜夜。在这漫长的岁月里，我与数千位老板共同经历了无数的挑战与收获。

每次拿起笔，我都会思虑良久，然后又会轻叹一声，放下手中的笔。但每一次放下，都是为了更好地拿起，为了更深入地思考和探索。

在这10年的小微企业管理培训咨询生涯中，我有幸与数千位中小微企业老板和高管一起并肩作战，一路前行。我们共同探索了中小微企业如何做大做强背后的奥秘，共同经历了创业的艰辛与喜悦。这10年的旅程，既是他们的成长史，也是我的修行录。每一次与不同的老板的沟通与培训，都像是打开了一扇新的世界之门，让我得以窥见不同企业在不同发展阶段变革中的挣扎与成长。

在波澜壮阔的商业海洋中，每一位老板都是一名勇敢的航海者，肩负着企业远行的使命，带领着团队迎接各种挑战。在无数个日夜兼程、孜孜以求的奋斗历程中，我们不难发现，有的企业得以稳健发展，持续向上，而有的企业却如流星般一闪即逝。

在这漫长而又复杂的创业道路上，究竟创业者要具备什么样的能力才能成功？又是什么关键因素决定了一个企业的成败？又是什么样的智慧和力量，才能够指引创业者在波涛汹涌的市场中稳健前行？

本书的诞生，正是基于这般思考与探索。作为一名专业从事中小微企业咨询培训的导师，这10年来，我一对一沟通辅导过5000位以上老板，累计线上线下授课已有近千场，每月线下开课，全球学员受众已超10万人。我亲眼见证了无数创业者的艰辛与执着，在陪伴他们的企业从小到大的同时，也目睹了他们在创业路上的喜怒哀乐。

在与不同企业主的长期沟通和交流中，我深感每一家成功的企业背后，都蕴藏着丰富的成功经验和深刻的惨痛教训。而这些成功经验和惨痛教训如果能归纳整理起来，相信对于正在创业路上或渴望将企业推向更高层次的老板们来说，具有极其重要的指导意义。

这不仅是一本关于企业管理、创业策略的书，更是一本为创业者量身定制的心灵启示录。它不仅关注企业的外部管理和内部运营，更深入地探讨了创业者的内心世界和成长历程。

在"心灵篇"中，我分享了创业路上的心灵力量和起心动念的重要性。无论是面对市场的波谲云诡，还是应对人生的起落浮沉，一个强大的内心世界是支撑我们前行的关键。只有真正做到无我利他、身心合一，我们才能在纷繁复杂的世界中保持清醒和坚定。

"管理篇"则着重于企业稳健发展的基石。一个企业的成功与否，往往取决于其领导力、执行力和决策力。而领导力的本质是爱与智慧，执行力是完成任务的能力，决策力则是做对的事情的能力。这三者相辅相成，缺一不可。

"模式篇"从企业盈利的角度出发，探讨了战略定位、价值取胜以及提升竞争力的关键因素。在这个快速变化的时代，企业必须紧跟市场步伐，不断调整和优化自身的商业模式和价值体系，才能在激烈的竞争中脱颖而出。

　　"流量篇"关注了企业在迈向成功过程中的桥梁——流量获取和转化。无论是公域获客还是私域转化，都需要企业掌握有效的营销策略和技巧。只有有效营销，才能真正实现企业的长远发展。

　　最后，"成长篇"是对创业路上必备常识的探讨。在创业的过程中，我们需要不断地开悟觉醒、保持专注定心以及实践真知。只有这样，我们才能在不断学习和成长中，找到属于自己的成功之路。

　　在本书中，我不仅会分享我的经验和教训，更会带领读者们一起探索那些成功背后的奥秘。每一个成功的企业，都离不开其独特的经营模式和创新的思维方式。这些既是企业在市场中立足的基石，也是企业在竞争激烈的市场环境中脱颖而出的关键。

　　本书的每一个字、每一句话都是我多年来的经验和感悟的结晶。

　　愿每一位创业者都能从此书中汲取到力量和智慧，勇敢地面对挑战，坚定地走好自己的创业之路，开创出属于自己的商业帝国。

2024 年 9 月 1 日

目录

第1章
心灵篇：创业路上力量的源泉

◎ 起心动念：起心动念皆是因，当下所受皆是果 // 3

坚守初心与热爱 // 4

没有大定，就没有大成 // 6

不会反省，事业难成 // 9

老板与老板之间比拼的是能量 // 11

远离无效社交 // 13

想赚钱，先学会尊重钱 // 15

比赛场上，心态是获胜的关键 // 17

◎ 无我利他：最好的利己，就是利他 // 20

纯正发心，正念大愿 // 21

敬畏规律是成事的底层逻辑 // 24

不怕输的人，才能赢 // 25

聚焦"一"的减法哲学 // 27

强大自己是解决问题的根源 // 29

有成就的人都说自己很笨 // 31
创业必须摆脱情感羁绊 // 33

◎ 身心合一：人生的伟业，在于知行合一 // 36
老板做事业的"魂"不能丢 // 37
决心不够的人不适合创业 // 39
注意力＞时间＞金钱 // 41
不敢信任别人，是因为对自己没信心 // 43
"做了"和"做好"就是人生的差距 // 45
从"知道"到"做到" // 47

第2章
管理篇：企业稳健发展的基石

◎ 领导力：领导力的本质是爱与智慧，缺一不可 // 53
小公司的管理技巧 // 54
选择合伙人的顺序 // 58
管理就是管欲望，管欲望就要懂人性！// 61
领导力的核心精髓 // 63
领袖的"吹牛"艺术 // 65
构建高效管理体系 // 66
人与人可以共赢也可以共输 // 68
团队管理十大核心法则 // 70

◎ 执行力：执行力的核心是完成任务的能力 // 73
小事累积是成就大事的关键 // 74
卓越老板的五大特质 // 77

提升员工绩效四大策略 // 79
管团队标准一定要高 // 81
企业文化落地的核心是认同 // 83
3个问题判断员工的潜力 // 86
执行力缺失的7个原因 // 87
打造高效团队的10大激励方法 // 90
因果导向VS结果导向 // 92

◎ 决策力：做对的事情比把事情做对更重要 // 96
解决企业问题的万能框架 // 97
小公司避免倒闭指南 // 99
团队难管的7大原因 // 101
老板作决策的3个关键 // 104
识局者生，破局者存，掌局者赢 // 105
投资生意的3大秘诀 // 107
聚焦核心，抵御诱惑 // 108
选择项目的5个问题 // 111

第3章
模式篇：企业持续盈利的钥匙

◎ 战略定位：没有不赚钱的市场，只有不清晰的定位 // 115
进"窄门"寻差异化 // 116
找准卖点，销量翻倍 // 118
企业失败的5大不聚焦 // 121
找到自己人生的道场 // 122

3

老板目光太短视就是灾难 // 125

智慧老板都做减法 // 127

以终为始地做事业 // 129

战略是1，其他是0 // 132

◎ 价值取胜：商业的本质就是价值交换 // 135

成功经营10字经 // 136

好产品是业绩增长的核心 // 138

不卖产品卖需求 // 141

商业的本质是卖 // 143

以客户为中心 // 145

◎ 提升竞争力：赢在品质，胜在竞争 // 148

业绩"瓶颈"的破局之策 // 149

创业12金规 // 151

中小微企业老板常犯的8大错误 // 153

中小企业的生存智慧 // 155

中小企业优化调整的8个方向 // 158

小微企业发展的14个建议 // 160

第4章
流量篇：企业迈向成功的桥梁

◎ 公域获客：公域平台发传单搞流量，快准狠 // 165

创业赚钱的双翼：流量与变现 // 166

客户画像是成交的基础 // 169

获取流量的源泉 // 171

敢于适当承诺 // 173
短视频持续爆火与变现的关键 // 174
打造创始人 IP 的核心 // 177
感性时代的真相 // 179

◎ 私域转化：私域平台做内容搞变现，要细慢稳 // 181
通过"晒"快速打造 IP // 182
私域营销的秘诀——故事 // 184
中小企业私域运营 9 大精髓 // 186
把私域用户当作好朋友 // 187
打造高效朋友圈销售 20 个策略 // 189
私域销售六字箴言 // 191
构建完善流量系统的 4 大体系 // 192

◎ 营销策略：营销的目的就是让推销成为多余 // 195
做生意的 6 大核心要素 // 196
讲透生意本质的 17 句大白话 // 198
聚焦痛点提升产品吸引力 // 200
从卖产品到卖梦想 // 202
建立和客户有共识的价值主张 // 203
峰终定律下的服务体验 // 205
创业赚钱的两个步骤 // 206
不要陷入专家视角 // 208

第5章
成长篇：创业路上必备的常识

◎ 开悟觉醒：你的内在拥有无限能量，要唤醒它 // 213
  老板的认知决定了企业天花板 // 214
  人生觉醒与蜕变 // 217
  搞定事情的规律 // 218
  付出与收获的天平定律 // 220
  成功是发挥优势 // 223
  放下面子再来创业 // 225
  不要和没有立场的人做朋友 // 227
  不必强求的改变 // 228

◎ 专注定心：保持专注，心无旁骛，万事可成 // 230
  老板最大的敌人是自己 // 231
  远离碎片化 // 233
  成功的秘诀 // 235
  把时间用对地方 // 237
  捷径就是脚踏实地 // 238
  成为领袖必备的5项能力 // 240
  成为高手的必经之路 // 242
  专心做好一件事 // 244

◎ 实践出真知：实践是检验真理的唯一标准 // 248
  高效达成目标的策略 // 249
  凡事先干再说 // 251
  靠谁都没有用 // 253

赚钱必须掌握系统性思维 // 255

老板成长的 4 个阶段 // 257

创业后的 7 大感悟 // 259

创业准备的 4 个要素 // 262

商业要理性而非感性 // 264

成熟的标志就是负责任 // 265

第 1 章

心灵篇：创业路上力量的源泉

创业，如同漫长而曲折的旅途，总离不开心灵的力量指引。起心动念之间，既是道路的选择，也是未来成果的预兆。在这个风起云涌的商业世界中，我们不仅是追求经济目标的行动者，更是寻求心灵蜕变的探索者。

起心动念

起心动念皆是因，当下所受皆是果

每个创业者的初心，都是一片尚未开垦的沃土。起心动念的瞬间，我们种下了梦想的种子。这颗种子，以信念为养分，以坚持为阳光，终将生根发芽，开花结果。我们的每一个念头，每一次选择，都是因，而当下所承受的一切，无论是风雨还是阳光，都是果。这是创业路上不可回避的因果律，也是我们不断前行的动力源泉。

坚守初心与热爱

分享一个我最近悟到的核心秘密给所有老板们：一切的平庸，根源在于"不够聚焦"！

我悟到这个秘密最初源于阅读到舜传给大禹的心法："唯精唯一，允执厥中。"

每个人生来本就自足，人人都有无限的意识能量，都有无限的创造潜能，只是我们身边很多人精神能量涣散，潜能没有开启，所以最终导致平庸。

你认为的牛人、神人、伟人、圣人，他们跟你唯一的不同，就是他们的精神极度"聚焦"，所以他们能开启无限潜能，最终心想事成！

而你之所以平庸，是因为你就跟"小猴子下山"一样：

看见桃子丢玉米，看见西瓜丢桃子；

看见兔子丢西瓜，最后就一无所得。

任正非说，力出一孔，利出一孔，战略学上就是"聚焦唯一，成为第一"，也是基于此。

所以从现在开始，如果想接下来你的公司能发生翻天覆地的变化，就请你集中自己的精气神，远离一切分散你注意力的东西，专注于做一件想做的事！

无关的新闻，屏蔽！

无关的人物，远离！

无关的想法，停止！

无关的诱惑,排除!

思想聚焦,注意力集中,专注于一事,即可进入"心流"状态,心神合一,天人合一!

如此,你内在的创造力就会激发出来,你会有无穷的"点子"和"能量",你会发现自己灵感爆棚,潜力无穷,再没有什么困难能够阻挡你!

当你的事业与你融为一体的时候,你就是事业,事业就是你!你的思想,你的言语,你的潜意识,你的血液里流淌着的都是你的事业的时候,你将会变得无坚不摧!

如果你已经创业很多年但一直不瘟不火,学了很多课程,上了各种商学院,交了不少的学费,事业依旧没有任何起色的话,面对这样的困境,不妨思考这样一组关键问题。

身为老板的你,你有像爱你的孩子一样:

热爱你的产品,视其为心血结晶?

热爱你的事业,将其视为生命的一部分?

热爱你的使命,坚信它能引领你走向成功?

热爱你的品牌,视其为信誉的象征?

热爱并珍惜客户的信任,因为它是企业最宝贵的财富?

如果上述的热爱你尚未完全具备,我建议,你一定要有!

因为只有这样的发心,你才能走得更远,你的公司才能走得更远!

创业营正是怀揣着这样的发心,所以我们才敢大言不惭地喊出:为助力中小微企业发展而奋斗终生的使命!

这不是一句口号,这是创业营所有股东和团队决意赌上一切,押上全部,要用一辈子来做好一件事的决心,而不是三年做东五年做西,短视频火去做短视频,AI 火去做 AI,元宇宙火

5

去做元宇宙，哪里有风口就去哪里……

正因为我们这样较真，这一路走来，创业营很荣幸地得到了无数客户的信任和支持，但我们一直战战兢兢，如履薄冰！

因为热爱，我们心怀敬畏；

因为敬畏，我们更加用心。

一个老板只要发心纯正，保持利他之心，正心正念地利客户、利团队，且永远不忘初心，无论你去做何事业，都必成，都能有一番成就！

那么，到底什么是发心纯正？什么是不忘初心？简言之，就是无论企业发展到何种程度，个人取得多少成就，都不忘初心，始终将"利他"作为行动的指南和动力源泉。

> **赵言慧语**
>
> 事业始于初心，源于热爱，成于坚守，"利他"之心为事业长久之本。

没有大定，就没有大成

一个老板的发心，是一家公司到底能否持续发展的关键！

创业营之所以能得到客户的坚定选择和信任，是因为它致力于助力中小微企业的成长与发展，有着为此奋斗终生的决心。

心诚则灵，心不诚则不灵！

只要用心就有可能，只要开始就永远不晚！

当你用心的时候，当你发自内心的时候，当你一心为众生的时候！

你的动力就会彻底地迸发！

你的灵性就会彻底地挥发！

你的智慧就会彻底地显化！

你的公司就会彻底地改变！

你的人生就会彻底地蜕变！

水利万物而不争，人力众生而必成！

一个老板最重要的就是"心力"！"心力"等于"定力"，老板"定己"才能"定江山"！

公司所有能量来源，都是从老板坚定下来的那一刻开始的！

没有大定，就没有大成；

成大事者，必先大定，大定而后能大动！

有了大定，方能制订宏伟计划；计划既立，实施可期。

企业内在的核心建设，最根本的首要在于"大定"。

什么是大定？意思就是老板必须首先有一个非常强大的决心，有一个非常强大的信念，一个非常强大的勇气，有一个震撼一切的定力。

目光如炬，无须任何辅助，便可直射千里，一眼便看到十万八千里之后的未来。

任何外在的声音都不能影响你，任何外在的人物也不能影响你。无论什么处境，无论什么境遇，无论什么条件，也都不能影响你，都不能阻碍你，都不能迷惑你，都不能构成你的限制。

这个就是企业建设最根本的"大定"！

也就是说，任何一个顶级的企业家领袖、老板、高手、牛人，他要真正地做成一番事业，他都不能缺少这个东西，他都必须把自己这个东西给建立起来，给树立起来，这个是所有事的"内核"。

而且由于这个大定的存在，你把自己那颗心给坚定住了，不让它顾虑了，不让它乱跑了，不让它消耗了，那么这个时候你的心念就会进入一个极小的损耗状态，你就自然拥有了一个超越绝大多数人的能量优势，这个能量优势能够为你带来源源不断的心力，带来源源不断的脑力、智慧，以及这个源源不断的人生热情，拉大你的时间与空间！

而且更重要的是，也只有你"大定"了，你走的每一步，才会真正变得更有意义，更有竞争力，更有越来越好的势头！

其实大多数人的心，都是猿猴之心，内在总是飘忽不定，而当你定下心来，成功自会加速向你靠近，正所谓"心定事成"！

领袖与领袖之间，比的是谁能够更坚定、谁能够更坚信、谁能够更坚持、谁能够更坚守！

一心所向，无所不达！

一心所向，无所不能！

赵言慧语

万象由心生，心定则万事可定。

不会反省，事业难成

这个世界上最容易的事情，就是把自己的错误归咎到别人身上，过去都是别人犯的错，不是我的错，我做的都是对的。

就像合作失败就说是合伙人的错一样；

就像夫妻离婚就说是另一半的错一样。

只要这么一想，自己就安心了，仿佛自己就是一个受害者，应该被原谅、被同情；总希望别人能够理解自己，但自己却又很少主动换位思考去理解他人！

无论任何事物，一个巴掌是拍不响的，说别人不好的同时，其实也是在告诉别人，你也不好……

所以人生最大的敌人，其实就是自己。这个世界上最难做的事，就是认清自己，客观地看到自己。

不信你现在回头看看自己从前所做的事情和选择，现在看来也许是个可笑的错误，但你是否愿意承认？是否能从自己心里去找找原因？从而更好地认清自己？

一个不懂反省的人，永远都在抱怨，在他眼里过错都是别人的，其实最大的问题是他自己。

一个不懂反省的人，不懂换位思考，永远活在自负偏激、自以为是的世界里。

一个不懂反省的人，很难有感恩之心，你给他一座银山，他还觉得你欠他一座金山。

一个不懂反省的人，始终在原地踏步，漫漫人生之路，他只有经历，没有经验。

不懂反省的人，注定没有未来！

在我身边总有一些老板，明明做事情很卖力，很有想法，很有野心，却屡屡受挫。

带个团队，想着凭自己的聪明才智与实力，一定可以在公司杀出一片血路来；

开个公司，想着凭自己的社会阅历与对市场的触觉，一定可以轻松赚到钱；

结果不出所料，做什么都以失败告终。

于是，他们很不甘心，非常郁闷，感叹：为何上天如此待我？为何我命运如此？

他们觉得失败的原因，是环境不好，经济不好，搭档不好，运气不好，却从不说"是自己不好"，因为在他们的人生中，从没有自我反省，也许他们的人生字典里面压根儿就没有"反省"二字……

当一个人用手指向别人的时候，通常是食指指向他人，而另外三根手指是指向自己，意思很简单，就是说当我们责怪别人的时候，更多的是应该反省自己。

一个不懂反省的人，

永远不知道自己的缺点，

一个不懂自己的缺点的人，

谈何进步，一生只能原地踏步。

佛说：

我是一切问题的根源，

我也是一切问题的答案。

因此，我们应该认识到，无论是成功还是失败，其根源都在于我们自己。一个人如果屡屡受挫、屡屡失败，那么他最应该反省的就是自己！

自己做了什么引致了今天的失败？

自己没有做什么引致了今天的困局？

人贵在有自知之明。

而不懂反省的人，

永远活在自我良好的世界里。

孤芳自赏，自命不凡，

终将摧毁自己的一生……

拿破仑说过，不会从失败中总结教训的人，离成功是遥远的，偶尔的成功只能是侥幸，通过运气获得的成功终归不能长久！

向外看，只会重蹈覆辙，错上加错。

向内看，只会精益求精，不再犯错！

> **赵言慧语**
>
> 懂得反省的人，日子只会越过越好。
>
> 不懂反省的人，日子只会越来越差。
>
> 懂得反省自己，是一个人变好的开始。

老板与老板之间比拼的是能量

人与人之间比拼的不仅是智力，更重要的是心力。心力足够强大的人，能在挑战中坚持到最后！

企业与企业之间的竞争，核心不在于老板的个人能力，而在于团队的协作与实力。拥有强大团队的企业，能在激烈的市场竞争中脱颖而出，走到最后！

老板与老板之间的较量，比拼的并非单纯的能力，而是能量与领导力。能量充沛、领导力卓越的老板，能引领团队攀登事业的高峰！

因此，低能量的人往往难以胜任老板的角色。老板之间的比拼，实质上是心力、状态、能量以及生命力的较量。

一个优秀的老板，之所以能持续不断地吸引他人，正是因为他们身上那种旺盛的生命力，能够为公司全员带来希望与动力！

世界上最强大的力量之一，就是能够给予他人希望。作为老板，你的存在就是要为员工注入能量，让能量大的人吸引并带领能量小的人共同前进。

唐僧之所以能担任取经团队的领导，并非因为他个人能力最强，而是因为他拥有坚定的信念和强大的精神力量。即使团队成员各有所长，但如果没有唐僧的引领，他们可能无法明确方向，更无法完成取经的重任。

因此，老板不一定是能力最强的人，但必须是能量最大、能够带领团队走向未来的人。在绝望中寻找希望，在黑暗中点亮光芒，这样的领导者才是企业的灵魂和核心。

然而，有些老板常常在工作中表现出消极的情绪，每天上班都是板着一张脸，这不仅会影响自己的状态，也会给员工带来负面影响，员工往他身边一坐就瞬间感觉很衰，这样就离失败不远了。

作为老板，在企业发展过程中会遇到各种各样的意外状况、疑难杂症和各种困难问题，但正是这些问题和困难，推动了企业的成长和进步。作为老板，应该学会隐藏自己的脆弱，以积极、乐观的态度面对挑战，用笑容和信心感染身边的每一个人；应该勇于面对挑战，积极寻找解决方案，并带领团队不断前行。

最后，建议所有老板都养成一个习惯：无论遇到多大的挫折和困难，都要保持冷静和乐观，从自身找原因，不断提升自己的领导力和能量。要养成眼泪往回流，牙碎了往肚子里咽，吃苦委屈自己消化的习惯，遇到多大的挫折都要笑容满面，充满信心地去感染和你并肩前行的战士，鼓足劲，随时发起下一场冲锋！

无论遇到任何挫折和困难，千万不要埋怨自己的团队，更不要埋怨客户，凡事，一定要学会从自身找原因！

这样的人才可以称为"合格的老板"。

赵言慧语

老板不是能力最强的人，而是能量最大的人。

远离无效社交

这么多年，我最大的心智成长就是学会了专心做好自己，不再刻意迎合和讨好他人。

以前在跟别人交朋友的时候，总喜欢说点客套话，明明已经感觉对方跟我不同频，格格不入，也得说点客套话迎合一下，当时心里的想法就是：万一以后用到呢，交个朋友总比没有强，说不定将来能派上用场。

然而，我渐渐发现，人生如匆匆过客，泛泛之交，不过尔尔。有一种说法，我们一生至少要遇见3000万人，而与我们真正聊得来的朋友也就那几个。

现在我交朋友跟之前完全不一样，区别就在于，我看你第一眼不同频，就不会和你再说第二句话，你是好是坏我也不作评价；我看到有人给我发消息，影响我，没好感的人，我直接就删掉了，再见，不说第二句话。

我学会了珍惜自己的时间和精力，对于那些消耗我能量的人或事，我选择果断远离。

每个人来到这个世界，都有自己的使命和责任，没必要讨好其他人。做好自己，懂你的人自会理解，不懂你的人解释再多也无济于事。

如今，我更加坚信：一切的根源在于自我提升。

因此，现在我内心只有一个坚定的信念：就是做好自己该做的事情，专注于自我成长，做真实的自己。至于他人的看法和评价，能否理解我，是否懂我，已不再是我关注的重点。

我鼓励大家也要勇敢做自己，尤其是在这个喧闹的社会中，不要在表面的关系上浪费太多时间和精力，那只会让你陷入无尽的琐事和内耗之中。

记得有一次，我与广东一位身价数亿的老板交谈，他分享了自己的经历：在35岁之前，他忙于各种社交圈和人情世故，目的是想提升自己公司的业绩，但无论怎样社交，公司却始终无法突破5000万的"瓶颈"。以前别人给他发什么信息，他出于礼貌都会回复一下，不然怕别人说他摆谱儿。直到35岁那年，他突然醒悟，决定再也不浪费时间在这些外在的东西上。

现在别人动不动给他发信息，他一看是群发、乱发，发的信息让他反感、不适的，直接就会默认不回复，或者直接删掉，也果断退出了所有无关的社交群。自从他这样干之后，感觉整个世界都静下来了，他的时间变得充足，他万念归一搞事业，专注于自己的事业。如今，他的公司的业绩很快就从 5000 万增长到 5 亿，直接产生了 10 倍爆炸式地增长！

最后，有一句话与大家共勉：普通人往往杂念太多，而高手能万念归一，心无旁骛地追求自己的目标。去除杂念，心外无物，方能享受内心的宁静与力量。

> **赵言慧语**
>
> 低质量的社交，不如高质量的独处。

想赚钱，先学会尊重钱

判断一个人是否成熟的标志之一就是对钱财是否有敬畏之心。

我从小受到爷爷的教育，他是一名教师，总是提醒我注意餐桌礼仪，禁止浪费粮食，禁止乱翻菜，禁止把手伸到别人面前夹菜，禁止吃饭吧唧嘴……这些习惯不仅让我养成了良好的餐桌礼仪，也潜移默化地培养了我对资源的珍视，包括金钱。

从我懂事的时候开始，每次吃米饭，无论在哪里，和谁一起吃，我碗里的米饭都会吃得一粒不剩，这个习惯我保持了20年。

我对钱的观念也逐渐形成：只要是我花掉的，无论是吃、喝还是玩，都体现了其价值，但不可以把钱浪费掉，破坏掉，乱扔掉，一分钱也不行！

为了生活、学习、事业，花再多钱我都不吝惜，但是我不会浪费5元钱的米饭，这叫"该省省、该花花"，这就是我对钱的敬畏。

后来有一次我看李嘉诚自传，他说：做生意的人，一定要对钱有敬畏之心，钱也有灵气，你今天看到一毛钱，不屑一顾；来日，一毛钱看到你也不屑去你家；但凡做生意，都是从毫厘开始赚的，你不敬畏钱，钱就不尊重你……

经历过白手起家、勤俭生活的人，对"钱"会有更加敬畏的心态。他们深知"赚钱不容易"，顺风顺水时，我们也要如履薄冰，做好风险控制，时时刻刻都要有忧患意识。

它需要你能抵住各种诱惑，考验的是你的智慧和定力，若是禁不起诱惑，财富反而会吞噬你，这就是德不配位。

有钱了可以享受更高品质的生活，但是不能故意浪费钱，浪费就是对钱的不尊重。

为什么一些有钱的人后来会穷得叮当响？因为他的德驾驭不了这些财富，有钱后就开始自信心爆棚，到处找项目，到处投资。须记住，任何一次错误的投资都有可能让他一夜回到解放前，最后导致破产的故事到处都是。

所以给各位创业者的建议就是，不要盲目投资，如果一夜回到解放前，不是谁都能东山再起的！

如果一定要投资，我要告诉你，这个世界上最稳赚不赔的投资，就是投资自己的大脑。简单来说，我们要通过学习让自己变得更优秀、更强大，自然就能赚到更多的钱！

> **赵言慧语**
>
> 真正的财富并不是金钱本身，而是驾驭金钱的能力；唯有敬畏金钱，才能驾驭金钱。

比赛场上，心态是获胜的关键

最近我花了不少时间观看了许多场激动人心的奥运会比赛。在这些比赛中，我注意到一个非常有趣的现象：除极少数天赋异禀的选手之外，那些在赛场上能够最终战胜对手、赢得金牌的顶尖高手们，他们的成功并不仅仅依赖于技术或体能上的优势。相反，更为关键的因素在于他们的心态和自信。这些选手在关键时刻所展现出的出色表现，往往源于他们内心的强大自信。而这种自信，又反过来促使他们在比赛中发挥得更加出色，形成一个良性循环，使他们在竞技场上变得越来越强大。

回想起18岁那年，我曾经接触并频繁地观看《秘密》这部关于吸引力法则的纪录片。这部纪录片我至少看了20遍，它给我留下了深刻的印象。当时，国内正流行成功学，各种励志口号满天飞，比如"要成功，先发疯，头脑简单往前冲"。我的一个朋友向我推荐了《秘密》，声称这部纪录片能够改变一个人的命运。

起初，我对这种说法持怀疑态度。我认为，如果仅仅通过观看一部影片就能改变命运，那未免也太儿戏了。如果改变命运真的这么容易，那么世界上就不会有穷人了。然而，出于好奇心和一种坚持的精神，我还是硬着头皮看完了这部纪录片。

我这个人有一个优点，那就是即使面对我不喜欢的东西，我也会坚持看完，就像即使面对我不喜欢的人，我也会非常礼貌地与他们交流一样。在观看《秘密》的过程中，我逐渐被纪录片中的内容吸引，尤其是当看到许多成功人士分享他们的经验和心得时，我开始深信不疑。片中提出的"心想事成"的观念深深地烙印在我的心中。我明白了，要敢于梦想，并且要梦想美好的事物，这样正能量才会释放出来，吸引美好的事情发生在自己身上。

于是，我开始尝试运用纪录片中所提到的这个"秘密"。无论是在吃饭、睡觉、工作还是照顾孩子的时候，我都会不断地思考自己希望实现的目标。不知不觉中，我发现自己克服了负面情绪，如犹豫、纠结、焦虑和迷茫，将更多的时间和精力投入实际行动中去。

随着时间的推移，我惊讶地发现，越来越多原本看似不可能的事情竟然真的发生了。虽然有些现象我仍然无法完全解释，但如果要我总结，我想，最重要的是你需要相信并保持积极正面的心态，这样你的能量才会彻底爆发出来。正如奥运比赛中的乒乓球决赛，最后一个球往往比拼的已不是技能，而是信心和决心。任何的负面情绪都可能导致失败。同样地，我们的人生、创业和工作，也如同每天都在进行一场现场直播的比赛，与奥运赛场无异。我们需要保持坚定的信心和决心，才能在人生的赛场上赢得最终的胜利。

赵言慧语

　　心态正，事业成，不成也成；心态歪，事业败，不败也败。

无我利他

最好的利己，就是利他

创业不是孤军奋战，而是与他人共同成长、共同成就。在追逐梦想的路上，我们应当时刻怀揣着一颗无我的心，以利他为先。这种无私的付出和奉献，不仅能够为他人带来帮助和温暖，更是我们自我成长的最佳途径。当你将企业的利益置于个人之上，以团队的成功为最终目标时，你会发现，自己的成功也随之而来。当我们真正懂得无我利他的智慧时，也就找到了最好的利己之道。这种无私的精神，将汇聚成一股强大的力量，推动你的企业不断向前发展。

纯正发心，正念大愿

每个人在经营生活、家庭与事业的过程中，总会遭遇形形色色的问题与挑战。这些问题纷繁复杂，但归根结底，其核心问题往往源自个人的"发心"。

"发心"，即初心与愿望，它决定了我们的格局大小与心胸承载能力。正如古语所云："福报抵不过业力，业力大不过愿力，愿力源自发心。"

人有正念，人有大愿，天必佑之，众人成之！

一个人的发心纯正与否，直接影响了他的思维方式、行为模式和最终结果。

当我们心怀正念，立下大愿，便能激发内在的强大力量，使我们在面对挑战时更加坚韧不拔。

心胸的宽广决定了我们的能量层级与稳定度。一个心胸开阔的人，能够容纳更多的信息与情感，从而在处理问题时更加从容不迫，其行动与言语也更能赢得他人的尊重与信任。

而能量的层级与稳定度，直接决定了我们在面对生活中的各种情境时，能够采取何种方法、语言、状态与行动，而这些因素最终影响着我们的结果与命运。

"天作孽犹可违，自作孽不可活。"这句话提醒我们，要对自己的行为负责，更要重视我们内心的力量。如果我们希望改变生活的现状，首先要从改变自己的发心与愿力开始。发大愿、立大志，我们能在人生的道路上不断前行，最终成就一番伟业。

同时，要记住，一个人的"爱"若不增加，其身边的一切将难以发生根本性的改变。因为爱，是连接一切美好事物的桥梁，也是我们内心最强大的力量源泉。

狭路相逢，勇者胜；

勇者相逢，智者胜；

智者相逢，仁者胜；

仁者相逢，义者胜。

这里的"义"，其实说到底就是一个人心中的爱。

为什么很多老板很努力却还是做不好企业？因为心中的爱不够！

为什么很多销售人员很努力却成交不了客户？因为心中的爱不够！

心中有爱，就会动力无限！

当我爱我的名声的时候，我的名声就至高无上！

当我爱我的诚信的时候，我的诚信就至高无上！

当我爱我的产品的时候，我的产品就至高无上！

当我爱我的客户的时候，我的客户就至高无上！

当我爱我的团队的时候，我的团队就至高无上！

当我爱我的事业的时候，我的事业就至高无上！

当你爱的时候，一切都会变得"至高无上"。

当你的爱存在，一切都会改变！

当你的爱消失，一切灰飞烟灭！

一个人无论去做什么，心中只要装入了爱，这个人从此开始不一般，因为他不再为自己而活，而是为了爱而活，爱身边的人，爱客户，爱家人，爱同事，爱自己的使命！

如果赚钱只是为了生存，我们身边有很多人应该都可以退休了，但为什么他们没有退休，还是那么努力？

我所认识的企业家领袖，**99%** 的人都是为了一份使命，因为他坚信他可以帮助更多的人实现梦想，所以一直在努力向前！

一个人赚钱的动力总是有限的，而追求价值的动力——使命却是无限的！

到底什么叫使命？我用通俗的话讲，就是一个人超越金钱上的追求，也可以理解为精神世界，一个人精神的高度决定了他事业的高度。

所以，人生最大的幸运，就是在你年富力强的时候，就发现了自己存在的意义和价值，找到了自己的使命！

为什么我从18岁开始就从事教育培训行业，并定下人生使命：为助力中小微企业发展而奋斗终生！因为我是发自内心地热爱培训行业，热爱我的使命，所以我的使命在我的人生中就变得至高无上！

我热爱我的客户，我热爱我的工作，我热爱我发的每一段感悟。

做个有使命感的人，是人生最大的财富！

和有使命感的人同行，是人生最大的福报！

让我们都成为有使命感的人，不仅为自己而活，更为爱、为责任、为使命而活。在这条充满挑战与机遇的道路上，与志同道合的人携手前行，共同创造更加辉煌的未来！

赵言慧语

做一件事情的发心大小，决定了你能走多远。

敬畏规律是成事的底层逻辑

我重新深刻地认识了"敬畏"这两个字。

何谓"敬畏"？它是从内心深处自然涌出的尊重与畏惧并存的情感。心怀敬畏，既是一种人生态度，又是一种生活信仰。

敬畏规则，你会生活得更加安全；

敬畏生活，你会体验到更多的幸福；

敬畏自己，你会逐渐成为自己希望成为的样子；

敬畏平台，你会赢得平台的青睐与奖励；

敬畏领导，你会获得领导的信任与支持；

敬畏团队，你会赢得团队成员的认可与协作；

敬畏客户，你会得到客户的信赖与长期支持。

一个不懂"敬畏"的人，无论身处何方、做何事，都很难得到他人的认可与尊重！

这就像有些老板，他们一心想成就一番事业，却往往忽视了从内心深处去敬畏客户和团队的重要性，只想着走捷径快速获利。

这样的老板，或许能暂时取得一些成就，但终究只是昙花一现。因为靠投机取巧赚来的钱，最终也会因为自身能力的不足和缺乏"敬畏"之心而失去。他们的思维深处，缺乏对事物本质的敬畏，这是他们难以持续成功的根本原因。

人活一世，靠品行安身立命，凭良心为人处世！

或可一无所有，但不能没有好品性；或可一事无成，然感恩与敬畏之心不可失。

这就是我人生经验的核心总结和深刻体悟！

我曾踏足世界各地，走遍大江南北，接触也结交过形形色色的老板，亲眼见证了无数老板的大起，也见过无数老板的大落。

我发现，凡是那些做得越来越好的老板，基本上都有一个共性特点，就是懂得尊重敬畏规律，先施德，后求得，先以德服人，而后收获成功。他们凡事先考虑的是怎么能把自己的事情越做越好，给别人带来价值。

而那些越来越差的老板，基本上也都有一个共性特点，就是从不尊重敬畏规律，一味寻求捷径，投机取巧。他们大都把所有的时间和精力用在很多事情上，比如，不停换项目，不停找风口，不停混圈子，却忽视了自身实力的根本提升。凡事先考虑的不是遵循商业发展规律，自己做好，而是怎么走捷径，所以自己不具备核心竞争力，结果越来越差！

故而可知，尊重常识、遵循规律、敬畏规则、把握本质，此乃至高之智慧，亦是成就非凡之基石。

让我们时刻心存敬畏，言语有规矩，行为有分寸。

> **赵言慧语**
>
> 越是成功的人，越是敬畏规律。

不怕输的人，才能赢

如果一个创业者能够同时具备乞丐的勇气和富翁的心态，

那么这个人就更容易走向成功!

所谓乞丐的勇气,就是指那种无所畏惧的精神,敢于豁出一切,因为对于他们来说,自己本来就一无所有,即使输了大不了以后再重新开始乞讨。这种勇气让他们在面对困难和挑战时,能够毫无顾忌地勇往直前。

而所谓的富翁心态,是指那种充裕的心态——相信自己拥有足够的资源、时间和能力去应对一切挑战。即使遭遇失败,也能从容不迫,因为他们知道自己输得起,有重来的机会。这种心态让他们在面对挫折时,能够保持冷静和自信,从而找到解决问题的方法。

如果一个人能够在创业过程中时刻保持这两种精神境界,那么他将能够勇往直前,不断克服困难,取得胜利。因为,只有不怕输的人,才能赢得最终的胜利。

反观那些一遇对手就退缩、一遇困难就害怕、一遇痛苦就软弱的人,他们离失败也就不远了。在生活中,每个人都会遇到各种挫折和磨难,但这些苦难实则是宝贵的财富。许多父母、领导和老板都想让孩子、人才和公司跳过这些磨难,但往往结果是适得其反,因为他们忽略了磨难对个人、对公司成长的重要性。

真正让人成长、成熟的,正是这些通过经历苦难而获得的宝贵经验。顺境看不出一个人的真实水平,只有逆境才能看出一个人的真实水平!

正如巴顿将军所言:"衡量一个人成功与否的标志,不是看他到达顶峰的高度,而是看他跌落谷底时的反弹力。"

没有哪一棵树一开始就是参天大树,它们都是从小树苗起历经风霜慢慢成长起来的;

没有哪一个大咖一开始就是万众瞩目的焦点，他们都是从无名小卒时便饱经磨炼一步步走到今天的。

不经历逆境怎能翻盘，不经历涅槃怎能重生，任何人的劝说，都无法让你彻底醒悟。真正让你恍然大悟的，是经历，是吃亏，是受伤。只有在绝境中挣扎，才能置之死地而后生，陷之亡地而后存。

逃避磨难，其实就是放弃成长的机会。人生如同浪潮，有高潮也有低谷，我们要学会享受高处的欢愉，也要能承受得住低谷的寂寞。

敬畏因果，敬畏规律，敬畏苦难，只有迎难而上，才能破茧成蝶，绽放出最耀眼的光芒。

> **赵言慧语**
>
> 创业本来就是一种冒险，害怕输的人永远赢不了。

聚焦"一"的减法哲学

有梦的人，从不会畏惧路途遥远，更不会抱怨奔波的辛劳！

就跟学习一样，远、累、懒，究其根源，只有一个原因——心中没梦。

世间成事之法则，实则蕴含于"一"的哲学之中！

"一"即个人的道路与使命，若迷失于此，找不到自己的道，就只能盲目追寻二三四五六七八九……

或者说有的人，终其一生，找了一二三四五六七八九十个"道"，自己都不明确到底哪个是自己的"一"，到底哪个能做好。

以玻璃大王为例，他在专攻汽车玻璃之前，也曾涉足多个产业，并且各个产业都有盈利。然而，当他明确并聚焦于"一"——只做汽车玻璃，并进一步细化至汽车前挡风玻璃后，便不断精进，从1.0版本迭代升级至今，成就了今日之辉煌——全球每四辆车中就有一辆使用其生产的玻璃。这正是通过不断做减法，将"一"做到极致的典范。

我见过身边无数的人做了很多事，转眼数年甚至十多年过去，还在每天换项目，各种换，常可见到他们又有新项目了，新公司又开业了，但一两年就会陷入倒闭与重启的循环……

一个人若未能找到自己的"一"，便容易随波逐流，被社会、趋势左右，难以立足。

因此，找到那个"一"，并毅然决然地砍掉所有与之无关的人、事、物，全心全意地聚焦于它，你定能在自己的领域里绽放光彩！

一个人生命中最大的幸运，莫过于他还在年富力强的时候，发现了自己的使命。

当一个人发现了自己的使命之后，就会找到人生的意义，当他找到人生的意义，人生便再也不会走任何弯路！

对一个人来说，最宝贵的就是时间。

有使命、有时间、有精力，这就是一个人最好的开始，此后便可全力以赴，不负韶华，成就精彩人生。

然而，令人遗憾的是，现实中不乏浑浑噩噩度过一生的人。

一个人一生之中最大的不幸，就是在年老体衰之时回望过去，发现自己竟走错了路，只能怀揣着无尽的遗憾，悔之莫及。

对大多数人来说，醒悟总是来得太迟，而衰老则来得太快，当我们发现走错了的时候，已经离目标太远太远。

一个人，能不走错路，坚定且认真地踏实走好一条路，这其实就已经是人生最大的幸运！

那么，如何发现自己的使命呢？这里有 3 个问题值得我们深思。

1. 你想做什么？ 思考你的内心真正渴望的是什么。

2. 你能做什么？ 评估你的能力和技能，看看你能实现哪些梦想。

3. 你最擅长做什么？ 发现你的天赋和优势，这些可能是你使命的所在。

以上 3 个问题的交集，就是你前行方向的指引，也是你使命所在。愿每个人都能在探索中找到自己的使命，活出无悔的人生。

> **赵言慧语**
>
> 明白自己为什么而活，你的人生才真正开始。

强大自己是解决问题的根源

在人生的创业中，最大的痛苦往往源于我们内心深处的雄心壮志与现实能力之间的巨大鸿沟。

我们常常发现自己在追求梦想的过程中，所具备的能力无法与心中的宏伟蓝图相匹配，这种落差感让我们感到无比痛苦和挫败。

同时，我们也常常感到自己辜负了那些曾经经历过的艰辛与挑战，那些曾经让我们成长的磨难，似乎并没有转化为我们前进的动力。

我们之所以感到痛苦，其根源在于我们的能力尚未达到支撑我们野心的水平；我们的认知和智慧也未能完全消化和吸收我们所经历的一切，无法将这些宝贵的经验转化为实际的行动力和解决问题的能力。

我们不禁会问自己，为什么我还不够幸福、快乐？所有的痛苦似乎都源于自身能力的不足。

因此，我们必须想尽一切办法去提升自己，去增强自己的能力。

正如一个不会游泳的人，无论他换多少个泳池，都无法改变他不会游泳的事实。

一个不会管理团队的人，无论他招多少新人，都无法解决团队管理的问题。

一个不会经营企业的人，无论他找多少个项目，都无法让企业走向成功。

一个情商不够的人，无论他交多少新朋友，都无法真正获得人际关系的和谐。

一个不努力工作的人，无论他换多少工作，都无法改变自己在职场上的困境。

所有这些问题的根源只有一个：能力不足。

这就像一个已经负债累累的人，无论他如何勤俭节约，这辈子可能都无法还清债务。为什么会负债？因为自身能力不足，认知不够，做了错误的决策和判断后导致产生负债的结果。所以，要解决这个问题的根源，不能只靠勤俭节约。真正唯一的解决方案是：在勤俭节约的同时，更要想尽办法把自己的赚钱能力提升到月入 10 万，甚至是月入百万的水平，那么所有问题自然就迎刃而解了！

如果不解决根源"自身能力"的问题，无论你做什么事补救都只是昙花一现，依然还是要面对没完没了、无穷无尽的各种问题。

因此，强大自己，是解决一切问题的根源。只有不断提升自己的能力，才能在人生的道路上披荆斩棘、勇往直前，最终实现自己的梦想和目标。

赵言慧语

我们无法改变别人，

但我们能改变自己，

当自己改变时，一切都会改变。

有成就的人都说自己很笨

在这个世界上，聪明人随处可见。然而，真正稀缺的却是那些深刻认识到自己不足之处，却依然能够脚踏实地、执行力满格的人。

他们虽然看起来笨拙，但以坚定的步伐不断前行；他们即便取得了非凡的成就，也依然保持着一颗若愚之心，不断追求卓越。

在创业的道路上，我遇到了无数活泼机敏、才思敏捷的"兔子"。遗憾的是，许多这样的聪明人最终未能抵达成功的彼岸。相反，那些看似笨拙的"乌龟"，却凭借不懈的努力和坚持，赢得了比赛的胜利。这正是为什么 99.9% 的"聪明兔子"都败给了那些看似不起眼的"笨乌龟"。

一次，我与一位家居行业的领军人物交谈，他谦逊地对我说："赵营长，我自认是个笨人，除了擅长卖家居，其他都一窍不通。所以我从不涉足其他行业，只专注做好这一件事。我要学习的太多了，你的课程我都会参加……"这番话，让我这个后辈深感敬佩。这不仅是一个成功企业家的谦逊态度，更是他能够持续壮大事业、不断突破自我的关键所在。

人，最难得的是有自知之明，更难能可贵的是拥有一颗谦卑之心。一个人唯有把自己放在低处，方能汇聚百川成大海；唯有认识到自己的渺小，才能积土成山，成就非凡。因此，让我们戒掉自以为是的小聪明，脚踏实地，一步一个脚印地前行，行稳致远，抵达成功的彼岸。

接下来，我们要如何在日常生活与工作中实践这种谦逊与坚韧不拔的精神？

在快节奏的现代生活中，诱惑与浮躁常常让人迷失方向。社交媒体上充斥着各种成功的光环，让人容易产生一种错觉，认为成功可以一蹴而就，或是仅仅依赖于天赋与机遇。然而，真正的成功往往隐藏在无数次的失败与尝试之后，是那些看似平凡却坚持不懈的努力累积而成的。

因此，我们应当学会在喧嚣中保持清醒，不被短暂的胜利冲昏头脑，也不因一时的挫折而气馁。正如那句老话所说，"路漫漫其修远兮，吾将上下而求索"。我们应当把每一次的挑战视为成长的机会，把每一次的失败看作通往成功的必经之路。

同时，我们也应该学会欣赏他人的优点，尊重他人的努力。在团队合作中，没有绝对的聪明与笨拙，只有相互学习、共同进步的可能。当我们放下心中的成见与偏见，以开放的心态去接纳他人时，我们会发现，原来每个人都有其独特的闪光点，值得我们去学习与借鉴。

成功并不是终点，而是一个不断追求、不断超越的过程。在这个过程中，我们需要保持一颗谦卑的心，不断反思自己的不足，同时需要拥有足够的勇气与毅力，去迎接每一个未知的挑战。只有这样，我们才能在人生的道路上越走越远，最终抵达那个属于自己的成功彼岸。

赵言慧语

取得大成就者，都是能人肯下笨功夫。

创业必须摆脱情感羁绊

在许多小公司发展到一定阶段时，高达 90% 的老板都会面临一些难以逾越的"瓶颈"。这些"瓶颈"之一就是老板们常常被一些老股东——那些曾经一起"打江山"的兄弟们的情感束缚。

其实，你完全不必被这种自我道德绑架困扰。如果老股东们真的把公司当作自己的家，他们就会积极进取，跟上公司的发展步伐，而不是在自己能力不足、即将被淘汰时又来找你谈感情，说什么"没有功劳也有苦劳"。

如果你的公司里有这样的"老兄弟"，我建议你果断采取行动，不要心软。真正挺你的兄弟，在你遇到困难的时候，会毫不犹豫地直接甩开膀子，与你并肩作战，而不是袖手旁观。

所以，请认清现实，那些所谓的"自我牺牲"并不是真正的感情，而是对公司发展的阻碍。为了公司的未来，你必须做出明智的决策。只有这样，公司才能突破"瓶颈"，继续向前发展，实现更大的辉煌。当然，做出这样的决策并不容易，因为它涉及人与人之间的情感纽带，以及你与这些老股东之间可能存在的深厚情谊。但请记住，公司的成功和长远发展远比个人的情感更为重要。

在采取行动之前，你可以尝试与这些老股东进行深入的沟通，了解他们的想法和顾虑。也许他们并非有意阻碍公司的发展，只是缺乏新的目标和动力。通过沟通，你可以帮助他们认识到公司当前面临的挑战和未来的发展方向，鼓励他们重新找到创业时的激情和动力。

如果沟通无果，或者这些老股东确实已经无法适应公司的发展需求，那么你就需要果断地采取措施。这包括调整他们的职责范围、给予他们适当的补偿或者让他们退出公司。虽然这些决定可能会让你感到痛苦和不舍，但你必须为了公司的整体利益着想。

在做出这些决策的同时，你还需要关注员工的情绪和反应。毕竟，这些老股东在公司中往往拥有一定的影响力和地位，他们的离开可能会对员工产生一定的冲击。要及时与员工进行沟通，解释你的决策背后的原因和目的，并鼓励他们继续为公司的未来努力。

最后，我想说的是，作为公司的领导者，你需要时刻保持清醒的头脑和坚定的决心。在面对困难和挑战时，不要被情感左右，要以公司的整体利益为重。只有这样，你才能带领公司走向更加辉煌的未来。

赵言慧语

老板过于仁慈的"善"，是对团队的"恶"。

身心合一

人生的伟业，在于知行合一

在创业的征途上，身心合一是一种境界。它要求我们在思想上明确目标，在行动上坚定不移。只有当我们的内心与行动达到高度统一时，才能发挥出最大的潜能，实现人生的伟业。创业之路充满挑战和变数，只有身心合一的人才能走得更远。这意味着你需要将你的知识和经验融入日常的工作中，做到知行合一。只有这样，你才能在面对困难和挑战时保持冷静和坚定，找到最佳的解决方案。记住，只有将理念付诸实施的人，才能成就伟业。

老板做事业的"魂"不能丢

有效判断一个老板是否称得上高手，有时仅需一分钟的交谈。

只看一条：他是不是说三句话不离本行！

这种高手都有一个共性：无论是日常的吃饭、睡觉，还是休闲时的谈恋爱、带娃、聚餐，甚至是在梦境之中，他们的思绪都围绕着工作、客户和公司的点滴事务，真可谓"魂牵梦萦"，难以自拔。

真正能成就大事的人，对事业的执着程度往往超乎常人，他们近乎痴迷地投入其中。相反，若缺乏这种状态，面对困难和压力时便容易退缩，便难以持之以恒地将事情做好。

这种老板，无论是他的社交圈子、交流内容，还是人际关系，一切的一切都不可避免地围绕着事业运转，包括所有的人、事、物，都在围绕着他想做成的一件事而运转！

为什么很多人都说老板看起来不近人情，甚至觉得他们缺朋友？其实不是他们不想交朋友，而是因为能同时与他们谈论工作和生活的朋友实在太少。

正如俗话所说："牛羊成群结队，猛虎独自前行。"

这几年对这个观念，我感受越来越强烈，现在我最好的朋友大多来自创业的 VIP 学员群体，我天天和他们在一起沟通交流。

某天晚上两个学员找我沟通，让我深感震撼，成功的人，他们的共性简直是一模一样……

第一个是在安徽做生产制造业的学员，他是专业从事门头灯箱生产销售，在国内门头灯箱贴膜领域也是名列前茅的佼佼者。我晚上刚准备休息入睡，看到他在深夜 23:37 询问我是否已睡，他说他刚吃完饭，目前他正在从内蒙古前往辽宁的高速路上，想给我反馈一下，他最近业绩又提升了。

我心里在想，难道他出差在路上，晚上不需要休息吗？但是听到他在电话的另一边，特别激情澎湃，兴高采烈地给我讲他出差这一路，服务客户后谈下大订单的喜讯，我也不好直接打断他的兴头，就这样一直听着，到快挂掉电话时，他最后说了一句"赵营长，我不会让你丢人的，我一定全力以赴做好"。我就明白，这个时候我说什么都是废话，无须多言，深知他的决心与付出。

第二个是在广州从事服装纺织行业的学员，同样在凌晨时分给我发信息问我睡了没，我说暂时还没有，没过一会儿，一个电话直接打过来，问我她的公司遇到了一个问题怎么解决，原本以为几句话就结束，哪知道等沟通完，将近 30 分钟已经过去了。

沟通完我就抓紧时间赶紧睡觉去了，早上 6:30 我起床的时候，就看到手机信息，谁知道她早上 6:06 已经又给我发了个：hello，吓得我以为她一夜没睡，就赶紧回了她一个信息，她也是秒回，说自己已经睡醒了。

我大概能想到，她这一晚在睡觉的过程中在想什么，估计是想着工作睡着，想着工作睡醒，早上有灵感，突然想到一个点子，又来问我。

这两个学员，都跟我认识有几年的时间了，身价都是几千万的老板，都是我们创业营的 VIP 学员，关键是两个人也都是和我年龄差不多的"90 后"。

从我刚辅导他们的时候,我就判断,他们的公司一定会越做越好。果然这两三年,公司业绩都在不断地往上攀升,因为这两个人身上都有一个共性的特点,就是对事业的执着与"魂"。这种"魂"让他们魂牵梦萦,全心全意地投入其中。

为了事业都是魂不守舍、魂牵梦萦……

所以判断一个老板能否成事,就看这个老板做事业的"魂"在不在。

若守住了"魂"就守住了初心;

守住了"初心"就守住了感觉;

守住了"感觉"就守住了状态;

守住了"状态"就守住了事业。

世间万般纷扰,皆源于心生,唯有守住内心的那份"魂",方能成就非凡事业。

赵言慧语

> 老板做事业的"魂"在,公司一切都还在;老板做事业的"魂"不在,公司一切都会消散。

决心不够的人不适合创业

当一家公司的创始人展现出誓死达成目标的决心时,那正是这家公司即将展翅高飞的时刻!创业之路,如同历经九九八十一难,你遇到的挑战,同行们也都会遭遇。区别在于，那些更出色的同行已经默默克服，继续前行。面对困难，遇山开路，逢水架桥，这是作为创业者最基本也是最宝贵的素质。今天，我想分享一个我做事的内核心法：无论面对何事或做何决定，我都会先问自己两个问题。

1. 这个事情最好的结果能到哪儿，是否能达到我的预期？
2. 这个事情最坏的结果能到哪儿，我是否承受得起？

如果最坏的结果承受不起，我建议你不要干，再沉淀一下，失败了你可能会一无所有！如果最坏的结果承受得起，我建议你快速干，还怕什么呢，失败了你也不会一无所有！许多创业者之所以未能成功，并非能力不足，而是常常在起点便因瞻前顾后而错失良机。自认为能力不行，或是被身边人引导误以为自己真的不行，然后自己也暗示自己可能真的不行，于是潜移默化就真的越来越不行……

如果你骨子里有这样的基因，不具备横扫一切困难的信念和万里长征的信仰，那你真不适合创业，最好还是老老实实待着，跟着有信念有信仰的大哥，这样过一生其实也很安全！人和人之间能力的区别，归根结底在于经历的丰富程度。经历不够丰富，认知便不够深刻！

在创业的征途中，我们需要具备坚定的信念和无畏的勇气。正如那些在商海中乘风破浪的佼佼者们，他们之所以能够脱颖而出，不仅是因为他们的智慧和能力，更是因为他们敢于面对困难，勇于迎接挑战。

他们明白，创业之路充满了未知和变数，但正是这些未知和变数，才使得创业之旅充满了无限的可能性和机遇。因此，他们从不畏惧失败，反而将失败视为通往成功的阶梯。他们坚信，只有不断地尝试和改进，才能最终实现自己的目标。

记住，成功永远属于那些敢于行动的人。

赵言慧语

你认为自己行，你就行，你认为自己不行，你就不行。其他，都是这句话的注解。

注意力＞时间＞金钱

判断一个人是否靠谱，就看他把时间和精力都花在了哪里！

世界上最宝贵，却最容易被忽视，又最让人遗憾的就是时间。

有人把时间用于沉溺于游戏与安逸，有人用于空谈国是、议论他人，却对自己的事务敷衍了事。

有些人通过日积月累地不断精进、不断学习、不断升级自己的认知视野、不断落地执行，获得了越来越好的结果。

送给大家一个公式：注意力＞时间＞金钱。

注意力，是我们最宝贵的资源！

你的心思在哪里，时间就在哪里；

你的行动在哪里，收获就在哪里。

一个人做某件事非常厉害，不一定是他多有天分，可能是他在某个领域投入的时间量非常多，所以才会显得非常熟练。

在99%的行业领域里，都是在相互拼有效时间的投入量，要知道这个世界没有那么多天才！

大多数的成功，都是量变引发质变，没有量的积累，便不会有质的飞跃。

很多人幻想今天写文章，明天就能 10 万 + 变成爆款！

很多人幻想今天一锻炼，明天就能拥有马甲线！

很多人幻想今天拍视频，明天就能变成大网红！

其实，这个问题，我也不是没想过……

但我经历后的实际结果是，该走的路一步都省不掉，最快的捷径就是一步一个脚印，走好每一步，所以不要想着走捷径！

即便是天才，也需要遵循事物发展的规律，通过不懈的努力才能达到巅峰。

我们都知道，量变达到一定程度才会引起质变，量变是质变的基础。

没有量的积累，没有从 0 到 1 的磨炼积累，1 没站稳，即使后面加再多 0，始终都是 0！

很多人往往容易低估长期的收益，而高估短期的收益，我们看自己现在所做的事，所有的一切，意义不大，但是再过 5 年回头来看，就会发现 5 年后的自己正是现在你的每一个行为塑造的！

见过的普通人，

走过的平常路，

做过的简单事，

说过的某句话，

是在给未来的自己积累。

这些日常我们感觉非常"不起眼的小细节"，组合起来之后,却又决定了我们未来的模样和成绩。

因此,让我们珍惜时间,聚焦注意力,持之以恒地努力。只有这样,我们才能在人生的道路上越走越远,成为那个真正靠谱且成功的人。

> **赵言慧语**
>
> 能干好一件小事的人,就有可能干好所有事。
> 连小事都干不好的人,什么事都干不好。

不敢信任别人,是因为对自己没信心

在经历了人生的风风雨雨,看透了人性的复杂与多变之后,你依然选择保持内心的善良与纯真。

尽管你对生活的种种不公与艰辛有了深刻的认识,你依然热爱生活,珍惜每一个瞬间。

面对纷繁复杂的世事,你依然保持着一颗童心,对世界充满好奇与期待。

即使你洞察了人心的深不可测,你依然选择以真诚的心态去面对他人。

这一切的坚持,是因为你深信不疑的不是别人,而是你自己。

作为一位领导者,你对员工、股东或团队心存疑虑,不敢完全信任他们,这背后的原因是你对自己的信心不足。你觉得自己没有足够的底气和实力去应对各种可能的挑战和错误，缺乏对员工犯错后进行妥善处理的能力。你没有建立起完善的流程和系统，对整个运营脉络的掌握也不够深入。这种不确定性让你感到害怕、担忧，害怕一旦出错，你将无法承担后果。因此，你变得畏首畏尾、谨小慎微，这一切都是源于你对自己的不信任和自我准备不足。

作为一位领导者，要打造一支优秀的团队，首要任务是"自我强大"。你需要具备足够的能力和实力，能够对整件事情的发展负责，并有能力处理可能出现的任何问题。当你拥有了这样的准备和实力，你将不再仅仅是依赖某个人的能力，而是对任何人都有信心，可以确保他们能够完成任务。

驾校教练之所以能将每个新手培养成合格的驾驶员，不是因为他们对学员有信心，而是因为他们对自己公司的考核流程，对自己的教练技术以及驾校控制风险的能力充满信心。他们相信自己的教学方法和经验能够帮助学员克服困难，顺利通过考试。

同样，创业营之所以敢说："凡是上过我们课程的学员一定会有很大的收获和帮助；零风险承诺——听课一天不满意随时全额退款"，不是我们对学员有信心，而是我们对自己这10年来与5000多位企业老板沟通后总结归纳出来的实战经验、方法、课程体系有信心！我们相信这些经验和方法能够真正帮助学员解决实际问题，提升他们的能力。

从某种意义上说，信任他人就是信任自己。敢于相信别人，是一种能力，而非仅仅是一种态度。因为如果不相信，就永远不会去做；不去做，就永远不会犯错；不犯错，就永远不会成长；不成长，就永远不会有独当一面的一天！

生命中，有些学费是必须交的，无论是交给老师还是交给生活给的教训。

因此，勇敢地信任他人，多去做、多犯错、多成长，这样你才能不断前行，最终到达你想去的彼岸。

> **赵言慧语**
>
> 强大自己，是解决一切问题的根源。

"做了"和"做好"就是人生的差距

"做了"和"做好"，仅一字之差，却是天壤之别。

在工作中，同样的一件事：

有些人，做了之后就马上趾高气扬，自我感觉良好，实在不知道自己做的事有多糟糕。

有些人，做了之后就复盘哪里没做好，寻找改进空间，不断持续优化总结经验，精益求精，总感觉自己还能更好，还有提升空间！

让我们远离那些"做了"却总也做不好的"绝世高手"，靠近那些"做了"还力求"做好"的"无名之辈"。

"做了"和"做好"的本质截然不同！

"做了"，仅仅是执行了任务，但却不一定到位，甚至是走过场或者简单地应付，它强调的是过程和付出，至于为什么去做、有没有成果，很少考虑，这是典型的"混日子心态"。

"做好"，则是不仅执行了，而且执行得彻底，追求卓越的成果。它体现了对自我目标的坚守、对上级的尊重、对公司利益的负责，这是典型的"主人翁思维"。

如果你一直抱着"差不多"的心态，只是做完了而不注重做好了，那么，无论10年还是20年工作，你都将注定原地踏步，毫无长进！

很多在公司工作的员工会很疑惑：

为何自己勤勉有加，却得不到上级的认可？

为何工作总是需要反复修改？

为何他人只见你悠闲，却不见你背后的努力？

为何领导评价你做事不靠谱？

面对这些疑惑，你不妨先想一想自己做的这些工作，到底做得怎么样。

每天看似忙碌不停的你，在工作中执行任务时，是否也只是满足于"做"，却忽略了"做得好"？

判断一个人是否有较高的执行力，较强的潜力，是否可以重点培养，关键就在于他是否重视"做好"这一结果，既然执行了，就要付出100%的努力去做事，一步到位，交出满意的结果！

若只是抱着"做了"的心态，自我要求低，差不多就行，虽然付出了、努力了，但工作最终效果不好，上级不满意，同事不满意，自己也很委屈，这就是所谓的"假努力、假勤奋"，不仅浪费了资源，更浪费了自己的时间，也虚度了光阴！

看起来"做了"和"做好"只有一字之差，却造就了不同人生高度和品质的天壤之别。

不要让自己"低标准、低追求"的定位毁了自己的人生，要时刻为自己"拔高标准、拔高追求",用"高标准、高追求"的做事态度来对待自己做过的每件事!

真正有本事的人,会让自己的每一项工作都贴上"优秀"的标签,让那些在你背后指指点点的人哑口无言!

> **赵言慧语**
>
> 要么不做,要么做好。

从"知道"到"做到"

在我们的日常生活中,许多人常常陷入"知道、认为、希望"这三个心理陷阱,导致他们在行动上无法取得预期的成功。例如,许多人明明知道熬夜会对健康造成严重的损害,但在实际生活中,他们却往往认为偶尔熬夜一两次并不会对身体造成太大的伤害,并且还心存侥幸,希望上天能够眷顾自己,让自己在熬夜之后依然能够保持健康的身体状态。这种自欺欺人的想法,实际上是对健康的一种不负责任的态度。

再如,许多人也清楚地知道,要想取得成功,就必须具备自律和勤奋这两个重要的品质。然而,在实际行动中,他们却常常认为偶尔偷懒一下并不会对成功造成太大的影响,甚至幻想着能够遇到贵人相助,从而轻松地摆脱困境,实现自己的目标。这种依赖他人的心态,实际上是对自身能力的一种低估。

此外，还有许多人明白自己体重超标，对健康不利，但在面对美食的诱惑时，他们却常常认为多吃一顿并不会对身体造成太大的影响，甚至寄希望于通过短暂的运动和节食来迅速减肥。这种急于求成的心态，实际上是对减肥过程的一种误解。

在工作和生活中，许多人也意识到自己在某些方面不够认真，但他们却常常认为偶尔的马虎并不会造成太大的问题，希望别人不会注意到自己的不认真。这种侥幸心理，实际上是对他人的一种不尊重。

在企业管理中，许多人也清楚地知道公司的管理机制存在一些漏洞，但他们却常常认为这些漏洞并不会对公司的运营造成太大的影响，希望员工们能够自觉遵守规则。这种对员工的过度信任，实际上是对管理漏洞的一种忽视。

在客户服务方面，许多人也明白公司的员工服务水平有待提高，但他们却常常认为当前的服务水平客户尚能接受，希望客户能够保持宽容。这种对客户的过度期望，实际上是对客户体验的一种不负责任。

在公司发展方面，许多人也清楚地知道公司的发展已经遭遇"瓶颈"，但他们却常常认为不学习、不进步也无妨，幻想着沿着旧有的路径能够发现新的机遇。这种对创新的排斥，实际上是对公司未来的一种短视。

普通人的问题在于，他们在夜晚躺在床上时，能够构想出无数条通往成功的道路，但第二天醒来时，却依然沿着原来的路径继续前行。他们总是将希望寄托于不切实际的幻想之中，最终往往只能收获失望和挫败。真正的高手则不同，他们赢在了行动力上。一旦看到机会，便会立即行动，同时不抱有过高的期望,而是全力以赴,做到问心无愧。他们相信"尽人事,听天命",最终往往能够大获全胜。

不同的思考模式,决定了不同的结果。因此,我建议,无论你做什么事情,都不要抱有侥幸心理或过分依赖希望。相反,你应该十分重视每一件事情,充分准备,信心十足地去执行。至于结果,则应以平常心对待,做到"但问耕耘,莫问收获"。只有这样,你才能在人生的道路上走得更远,取得更大的成功。

赵言慧语

"知道"和"做到"之间,只差了一件事,那就是"做"。

第2章

管理篇：企业稳健发展的基石

企业管理，是企业在激烈的市场竞争中稳健发展的基石。领导力、执行力和决策力，是企业管理的三大核心要素。它们相互依存、相互促进，共同构成了企业成功的关键。

领导力

领导力的本质是爱与智慧,缺一不可

领导力是企业稳健发展的核心动力。一个优秀的领导者必须具备两个要素:爱与智慧。爱让你关心团队和员工的需求和成长;智慧则让你在复杂多变的环境中做出明智的决策。两者相辅相成,共同推动企业走向成功。因此,在提升领导力的过程中,请务必注重这两个方面的培养。

小公司的管理技巧

当一个小公司缺乏成熟的"管理系统"时，往往会陷入无序状态，就会想到什么做什么，导致决策随意，老板不得不扮演多重角色，甚至成为公司的"救火队员"，业绩难以提升，公司运营在水深火热之中。

小公司如果想快速突破发展瓶颈，老板在公司成长的不同阶段应专注于不同的事。

1. 公司初创及小规模阶段，应专注销售。

在这个阶段，销售是公司生存和发展的命脉，这是公司获得收入和生存的基石。老板应亲自深入销售一线，不仅为了直接推动销售，更重要的是要亲自打造并优化业务流程，服务客户，建立起稳固的业务体系。这样做不仅能确保公司前期赢得市场份额，还能获得稳定的现金流，并积累客户的信赖和好评，为公司的长远发展奠定基础。

2. 公司扩张阶段，要学会放手。

随着公司的不断成长，老板需要逐渐转变角色，学会放手。这意味着老板要将权力和责任逐步分散给合适的管理团队成员，让他们在公司运营中发挥更大的作用。放手的目的主要有三个。

一是吸引优秀人才。通过放权和提供发展空间，可以吸引更多有才华的人才加入公司，为公司注入新的活力。

二是减轻老板压力。分散权力可以减轻老板个人的工作压力，使其有更多精力去关注公司的战略方向和长远发展。

三是激发员工积极性。赋予员工更多的决策权和责任感，以激发他们的积极性和创造力，从而推动公司不断向前发展。

小公司，大多管理者都是忙得要死，结果业绩不行，这种情况，老板很无力，员工很无辜。从管理角度怎么"破"？不管你是管理者还是小公司创业者，其实都面临这个问题：要管什么？而小公司的性质从根本上决定了它不能照搬大公司的管理模式，典型的资源匮乏，无法吸引优秀人才，团队工作重心经常发生改变，人员大多身兼多职……

基于此，做事够简单、说话接地气、计划能落地等，就是团队管理的重点。

小公司管理的特点如下。

1. 够简单：抓住主要矛盾，解决核心问题，日常事务少管，特别是老板。

核心是差不多就好，制度要少，简单有效就行。小公司如果非常重视日常的事务管理，说明公司效益出现了问题，比如，制定太多的员工制度，天天盯着员工考勤，严格要求员工的行为规范等。这是老板在通过内耗的方式，不停抽鞭子，让员工通过努力、加班来解决公司效益不好的问题。

结果会导致员工选择摸鱼，或离职；劣币开始驱逐良币。

所以，小企业如何判断好坏，有一个参考标准，至少从管理角度来说，是可以作为参考的。

2. 讲"人话"：管理者能理解，员工能接受。

不要说那么多高大上的专业术语，讲"人话"，讲和管理者有关系的话，和员工有关系的话，讲能帮助他们实现目标和梦想、他们也愿意理解和接受的话，不要只知道天天讲宏伟蓝图，却忽略员工当下的衣食住行。

3. 能落地：主管业务统筹调度，按步骤做就好。

业务模块执行动作要求100%。小公司业务发展不容易，作为老板不要抱怨苦和累，公司是你的，挣的钱也是你的，老板是利益的最大获得者，也应该是付出的第一人。盈利是结果，执行动作是过程。自身的系统不完善，非常容易产生跑冒滴漏的现象，老板不抓，却期待以时间换工资的员工去在乎是不现实的。重点业务老板要亲自抓，公司盈利老板是第一责任人，别人无法承担。

4. 少夸谈：少开会，多谈解决方案。

小公司如果内部会议很多，而且开的是不解决任何问题的会议，那么就是管理＞经营。

现象：经常开各种会，老板想开就开，没有计划。开会各种跑题，不讲解决方案，就讲努力干活。在内部，应该少开管理会议，要开业务专项解决方案会议，少说人和事的问题，就谈解决方案。在外部，多与客户开洽谈会，也就是与客户在一起，了解客户的问题和需求，真正去解决业务问题。

5. 有驱动力：既要画饼，也要给激励。

工资太低，员工摸鱼；工资太高，付不起。小公司条件差，难招人，画饼成常态，但不能只画饼，不兑现，在条件不如大公司的情况下，想要员工跑得快，日常激励不能少，工资是基础保障，激励是润滑剂。

有些小公司老板有格局，除工资外，会给予不少年终分红。但更多的小公司是，画饼是真画饼，日常还要进行各种克扣。员工不想走也要被赶走。

小公司管理的9个要素。

1. 小公司，生存第一，别弄虚头巴脑的东西，人人皆兵，努力把业务做好。

2. 管理学讲架构、讲程序、讲控制，这些对"小摊子"用处不大。树立共同目标，用大饼凝聚人心，要高薪的走开，要未来的走进来。

3. 用人所长。每个人都有优点和缺点，用人先了解人，对短处注意防范，长处用到极致。

4. 人心都是肉长的。用心换心，生活上多关心，还要关心每个人最重要的人。

5. 人都分左中右。即使几个人，也要有铁友，关键时刻能冲锋陷阵；要有反对派，杠和怼能够有效避免犯错；要有中间派，两边都能扯，调和生产力。

6. 原则和底线要清晰。大的框架原则和底线是高压线，讲清楚，碰就死，犯了就走人。

7. 不拘一格降人才。不要在五六个人时就止步，要随时随地发现人才，吸收进来建立人才梯队，团队才能发展壮大。

8. 财务是关键。一不能违法，二要有明确的内控，三要相信制度比人可靠。

9. 给足每个人充分的发挥空间。不要怕做大，怕二心。

> **赵言慧语**
>
> 老板应该把时间花在离赚钱最近的事情上。

选择合伙人的顺序

昨天和创业俱乐部的一个企业家学员凌晨聊天一个多小时，我总结一下，看能不能让大家都有点收获。

这名学员我唤他"杨总"，杨总是一个年少有为的青年，20岁出头就已经是年薪几百万的销冠级装修大咖，靠一己之力创造了当地行业的最高业绩纪录，一个人可以做到一家公司的业绩总和，目前创业也有几年的时间了。

按照我们一般人的理解，他这样的能力加上他的努力，再加上他已有的收入资源背景作为起点，应该是近几年持续突飞猛进，在当地"叱咤风云"才对，但是现实却不尽如人意，原因是什么？

一番深入畅聊下来，我发现主要是因为合伙规则没有定好，这直接导致了后续一系列的合作问题，让他陷入了反复合伙又分家的困境。

这几年，四次合伙，四次分家，每次都是对他企业的伤害……现在他对找合作伙伴已经心力交瘁，因为前几次都是兄弟式合伙、仇人式散伙，搞得双方都有点尴尬，原因是什么？是他不努力吗？当然不是，他当然很努力，所以我问他选择合作伙伴的标准，轻重排序是什么。

他说是人品、能力、态度……

这个回答确实没有毛病，也符合大众创业的逻辑，然而他忽略了一个事实，因为销冠出身的他，是一个自认为能力很强的人，是要当老大的人，如果一直在找的都是能力确实很强，都是当老大的人合作，请问到底谁是老大？又会擦出什么样的火花？

两只老虎在一起合作，打架是迟早的事。

三只老虎呢？四只老虎呢？

大家能力都不相上下，会不会为了利益干起来？

一个和尚挑水吃，两个和尚抬水吃，三个和尚没水吃，原因是什么？

后来在聊的过程中，我就分享了我对合作的一些见解，告诉他，如果我是他，我选合作伙伴的标准，可能是人品、认可度、态度、能力……

他就很奇怪，可能也是第一次听到这样的观点，便问我为什么是认可度，于是我反问了他两个问题。

第一个问题：

如果现在你身边有 10 个人非常认可你，愿意和你一起打拼 5～10 年，你觉得几年后你会不会创业成功？成功速度会不会更快？为什么？

他的回答："如果有几个人愿意跟我 5～10 年，我早就成功了，因为有核心团队在，天永远不会塌，无论做什么事情，只要我们方向一致，我们肯定都能干成！"

第二个问题：

你觉得在工作执行的过程中，是团队的一致性重要，不内耗重要，做事的态度重要，还是能力重要？为什么？

他的回答："是的，团队一致性，团队不内耗，团队一起做事的态度，比能力重要太多了……"

后来我还举了几个成功创业的案例：

小米的雷军，阿里的马云……

他好像忽然明白了什么。

后来他说，又欠了我一笔"巨款"，等公司一旦运转正常，马上上门酬谢……

这里我想分享给所有创业者一句忠言：事在人为，人比事更重要！

能力放长远来看，不是唯一最有价值的东西。

如果现在让你把你的所有财富委托给一个人，A 能力很强，B 让你很放心。请问：你选 A 还是选 B？

如果是问我，不管问多少次，我都会选 B。

所以我就有了我选择合作伙伴的轻重排序：

1. 人品；
2. 认可度；
3. 态度；
4. 能力；
5. 其他……

不知道看到这里的你，是否也有过类似的经历，我也是创业者，我也是吃过亏买过经验的人，所以希望我的方法能让更多的创业者少走弯路，希望每一位创业者都能找到最适合自己的合作伙伴，共同开创美好的未来。

赵言慧语

团队的一致性比个人能力更重要，
选对人才能做成事。

管理就是管欲望，管欲望就要懂人性！

优秀的管理者，先做人性大师，再做机制大师。如何管控欲望？就是要设立机制，对人性进行引导、激励或驾驭，这是所有老板的必修课！

1. 用分配机制解决人性的自私问题。

天下熙熙皆为利来，天下攘攘皆为利往。利益是人性的天然需求，也推动了社会文明进步。

分配机制解决劳动创造为了谁、服务谁、劳动成果归谁享有的根本性问题。

管理最核心的就是要设计好分配机制，不仅要公平、公开、公正，而且要按价值分配，而不是按劳分配，一切以业绩为导向，用结果说话！

2. 用考核机制解决人性的懒惰问题。

趋利避害、好逸恶劳，是人性的弱点，是人最顽固的天敌。惰性会磨灭人的意志，使人失去理想，陷入混沌，意志颓废！

为此，要通过考核机制设计，打破"大锅饭"，让每个员工都有自己的"小锅饭"，让员工感觉是为自己打工！

3. 用晋升机制满足人性的虚荣心。

马斯洛需求层次理论说，人的需求是多元且分层次的，生理需求、安全需求、爱与归属的需求、受人尊敬和自我实现的需求。

人们都希望得到认可和尊重，员工加入公司也是，都希望在工作中有荣誉、有尊重，而晋升机制就是一种很好的方式，

61

就像拿破仑说的：不想当将军的士兵不是好士兵。员工在公司里工作不仅需要实现物质待遇，也需要一些精神上的情绪价值。

4. 用激励机制解决人性的恐惧问题。

无论是国家，还是企业、个人，发展不可能一帆风顺，必须同仇敌忾，才有可能实现目标！

智慧的管理者，要善于通过激励机制，借事修人，激励员工，培养骨干，重赏之下，必有勇夫！

每个人的潜力都是无限的，不激发到极致，潜力不会爆发，这些都是需要通过激励来实现。

5. 用合作机制解决人性的短板问题。

人非圣贤，孰能无过。每个人都有自己认知的盲区和能力短板，因此，一个人可以走得快，一群人可以走得远！

但一群人走得远不是必然的，要通过机制设计让团队中每个人能和而不同，优势互补，取长补短，合作共赢！

权威数据调查表明，员工的潜能在正常工作状态下只能发挥40%，有效激励后，可以释放高达95%的潜能。

管理者最重要的能力是能洞悉人性，善于通过机制设计，克服人性弱点，激发员工潜能，不仅自己牛，而且带领一群人和你一样牛、一起牛，"一花独秀不是春，百花齐放春满园"！

赵言慧语

你能成就多少人，就有多少人成就你；你能成就多少员工的梦想，就能赢得多少员工的追随。

领导力的核心精髓

领导自身怯弱,却期望团队展现出狼的野性与战斗力,这往往是众多中小企业团队执行力低下的根源所在。

古人云:"兵熊熊一个,将熊熊一窝。"

领导的素质与能力,直接决定了团队的最终属性。

若领导是一头勇猛的狼,即便团队起初是一群温顺的羊,也能被训练成嗜血的狼。

是狮子领导的羊群更具战斗力,还是羊领导的狮群更为强大?

毫无疑问,肯定是狮子领导的羊群,因为领导者的力量与智慧能够激发团队的潜能。

因此,领导的自身水平,直接关系到团队的兴衰存亡,正所谓"将帅无能,累死三军!"

没有集体荣誉感的将军,带不出能打胜仗的团队!

没有强烈企图心的领导,带不出狼性十足的团队!

没有率先做榜样的管理,带不出心服口服的团队!

孔子说:

其身正,不令而行。

其身不正,虽令不从。

要成为合格的领导者,首先把自己管理好,自己以身作则,就算你不发号施令,团队也会效仿跟随你。反之,若领导者自身行为不端,即便制定再多规矩,也难以服众。

带团队最难的事情,就是让别人相信你,管理不好下属，员工不愿听从，这往往源于你未能成功建立信任。领导力不足，想要实现这一点，可以遵循以下24字领导力的核心原则。

身先足以率人，"己所不欲，勿施于人"。自己先做到，再要求团队做到；自己先相信，再要求团队相信。最怕的是自己未能践行，却要求团队百分之百执行，这样的行为不足以服众。

律己足以服人，严于律己，方能使人信服。正如古语所云，"严于律己，宽以待人"。通过自身的实际行动，树立榜样，让他人自然而然地服从。

倾财足以聚人，大方地分享利益，让团队成员感受到你的慷慨与诚意。

量宽足以得人，"宰相肚里能撑船"，这句话形象地说明了胸襟宽广的重要性。一个领导者的度量有多大，他就能赢得多少人的爱戴和尊重。领导力的核心在于爱，缺乏爱的人无法打造出真正优秀的团队。因此，要培养宽广的胸怀，包容他人的不足和错误，鼓励团队成员的成长和超越。

综上所述，一点点财富，可以将人聚到一起，但更重要的是自律以服众；胸襟宽广，有容人之量，允许别人比自己强大，才可以容得人才，而身先士卒则是率人的关键，才会有人跟随。

凡事自己率先去做，才足以领导他人，自己首先去做一件事，别人才会跟着你去做！严于律己，宽以待人，用自己的实际行动令他人服从！

团队成员如同一面双面镜，既映照出领导者的优点，也放大了其缺点。因此，领导者应向内求自省，向外看环境，坚定地向前迈进。

让我们从今天开始，从自我做起，不断提升自己的领导力，开启全新的管理之路。

> **赵言慧语**
>
> 不要用圣人的标准要求员工，又用凡人的标准要求自己。

领袖的"吹牛"艺术

真正能够创业取得结果的老板，不一定需要具备极高的智商、情商或者出众的个人能力，但有一种至关重要的领袖精神是他们所必须具备的，那就是"干成事的信心"。领袖精神主要体现在以下几个方面：

首先，当周围的人都不再抱有希望时，一位优秀的老板能够依然充满希望，成为团队的希望之光。其次，当人们内心开始动摇，失去信心时，他能够坚定地站在前方，成为大家的依靠；再次，当人们情绪低落，感到沮丧时，他能够以乐观的态度振奋人心，鼓舞大家重新振作起来；最后，当人们在困难面前退缩不前时，他能够奋勇向前，带领团队突破困境。

你是否注意到，那些做大做强的伟大公司，其老板都特别擅长激励员工，善于表达公司的愿景。他们往往也特别擅长"吹牛"，状态极佳！

其实，这种看似"吹牛"的行为其实是老板对自己有信心、对公司未来有愿景的表现。这种自信可以吸引来真正有本事的人才。

任正非虽然不直接"吹牛",但他的"要做就做全球第一"的豪言壮语,激励了无数人。雷军则以实际行动践行自己的梦想,即使账上资金充裕,也选择投身汽车制造领域,并敢于与华为、苹果等巨头对标,这本身就是一种信念的体现。

这些例子告诉我们,正是老板的坚定信念和不懈努力,让一切成为可能。他们都是靠一点点地"吹",硬是给"吹"了出来!他们厉害的地方就是,吹的牛都实现了,由此可见,真正会吹牛的,吹的是"努力必须实现"的牛!

吹完之后,自己全力以赴并带动团队共同奋斗,这是"梦想";而仅停留在口头,不付诸行动,则是"忽悠"。

> **赵言慧语**
>
> 吹牛的老板不一定会成功,但成功的老板一定都很会"吹牛"。

构建高效管理体系

管理的最大价值究竟是什么呢?其实,是它能将那些看似偶然的成功转化为必然的常态。在公司发展的历程中,我们经常会遇到一些令人瞩目的时刻,比如成功签下一份重要的合同,超额完成既定目标,或者研发出一款市场反响极佳的爆款产品。这些事情究竟是偶然的幸运,还是公司实力的必然体现呢？

　　作为管理者，我们的任务就是要将那些只有少数人能够实现的成果，转化为全体员工都能达成的常态。我们需要将一次偶然的成功，转变为持续不断的成功，从而确保公司能够健康、稳定地向前发展。

　　观察那些业绩不佳的公司，我们会发现每个月的销售冠军总是固定的一两个人。而在那些业绩优秀的公司中，销售冠军的位置却经常更换。在这些公司里，每个人都渴望成为销售冠军，他们有决心、有能力去实现这一目标。在这种情况下，公司业绩的增长就变成了一种必然的趋势。

　　那么，如何实现这一目标呢？具体来说，我们可以遵循以下 3 个步骤。

　　1. 识别 A 类员工。我们需要在公司内部发掘出那 20% 表现最为出色的员工，也就是我们所说的 A 类员工。这些员工在工作中表现出色，能够为公司带来显著的业绩提升。

　　2. 梳理 SOP 流程。我们需要详细梳理 A 类员工成功的方法和过程，将其转化为一套标准化的操作流程（SOP）。这套流程应该涵盖每一个细节和关键节点，确保其他员工能够轻松理解和执行。通过这种方式，我们可以将 A 类员工的成功经验转化为可复制、可推广的模式。

　　3. 培养 B 类员工。我们要锁定一群有学习意愿且具备潜力的 B 类员工，对他们进行系统的培训，使他们能够掌握并熟练运用上述 SOP 流程。随着时间的推移，这些 B 类员工将逐渐成长为能够独当一面的优秀 A 类员工。这样，即使 A 类员工在某段时间内表现不稳定，B 类员工也已经训练有素，能够迅速补位，确保公司的业绩不会受到影响。

通过这样的方式，我们能将公司中的偶然成功转化为必然成功，从而搭建起一个高效、稳定的管理体系。这正是管理的最大价值所在，也是确保公司持续健康发展的关键。

> **赵言慧语**
>
> 搭建好内部的流程系统，让偶然的小成功变成持续的大成功。

人与人可以共赢也可以共输

人类这个物种确实充满了神秘和复杂性，可以共同创造辉煌的时刻，也可以共同走向毁灭的深渊。

在婚姻的殿堂里，夫妻双方的关系非常微妙，而且相互依存。双方可以共同走向幸福的彼岸，成为人人羡慕的模范夫妻；双方也可以共同陷入不幸的泥潭，成为彼此的拖累。当夫妻双方能够共赢时，他们的生活充满了美满和幸福；当他们共输时，他们的生活则充满了不堪和痛苦。

在合作的过程中，合作双方的关系同样充满了复杂性。他们可以共同取得成功，成为彼此的助力；也可以共同遭遇失败，成为彼此的拖累。当合作双方能够共赢时，他们的事业蒸蒸日上，彼此都成为成功者；而当他们共输时，他们的事业一蹶不振，彼此都成为失败者。在团队的战场上，团队的力量是不可忽视的。团队作战时，不存在某个人的单独强大，要么是整个团队的强大，要么是整个团队的衰弱。当团队强大时，团队中的每一个成员都显得无比强大，仿佛个个都是高手；而当团队衰弱时，团队中的每一个成员都显得无比弱小，仿佛个个都是菜鸟。

历史上，刘邦作为一个出身草根的"盲流"，却能够聚集一群能人志士，最终这些人都能够成为良臣名将，成为英雄好汉。樊哙原本只是一个屠狗之辈，却也能够成为大将军，这是因为刘邦所带领的集体是一个优秀的集体，具有培养英才的土壤，而他们每个人都有幸身处其中，共同成长，共同进步。在电视剧《亮剑》中，李云龙曾经说过这样一句话："事实证明，英雄往往是以集体形式出现的，而不是以个人形式。在一个团队里，要么个个都是英雄，要么个个都是狗熊。"这句话深刻地揭示了团队精神的重要性。

在团队中，如果某个人是英雄，而其他人是狗熊，这是不可能的，因为英雄绝不会与狗熊为伍。如果他们愿意在一起，说明他们本质上是同一类人。所以，当你觉得你身边的团队成员连狗熊都不如的时候，实际上你也同样是他们中的一员。人与人之间的相处，最终也只有两个可能的结局：要么是自然而然地桥归桥路归路，各自追求自己的目标；要么是自然而然地在某个高峰重逢，共同分享成功的喜悦。愿我们每个人都能拼尽全力，无畏前行，在人生的顶峰相见！

> **赵言慧语**
>
> 真正的强者从不贬低别人，而是帮助他们站得更高。

团队管理十大核心法则

团队管理的十个法则是确保团队高效运作和达成目标的关键。

第一，明确的组织架构是团队管理的基石。这意味着需要优化现有的组织架构，确保每个成员的职责分明，避免工作上的交叉、重复以及无人负责的情况。只有这样，才能确保团队的工作流程清晰，思路明确，从而提高整体的工作效率。

第二，明确的工作目标是团队管理中不可或缺的一环。作为领导者，需要给出明确的方向和目标，并且通过充分的沟通，确保这些目标被团队成员理解并产生兴奋感。这需要领导者投入大量的时间和精力进行沟通，直到团队成员真正理解并愿意为之努力。只有这样，才能确保目标的实现，而不是仅仅停留在口头上的承诺。

第三，权责对等是团队管理中的重要原则。在团队成员完成任务的过程中，他们应该拥有相应的权力和资源。否则，一旦出现问题，责任不应完全归咎于下属，而应反思管理者的失误。因此，管理者需要确保下属在执行任务时，能够获得必要的支持和资源，避免画大饼、假大空的情况，确保任务的实际执行。

第四，做到可视化是团队管理中的关键。随着团队人数的增加，管理者可能会顾此失彼，难以全面了解团队的状况。因此，可视化工具或流程变得尤为重要，它们可以方便上下级之间的沟通，确保信息的透明和及时传递。

第五，扁平化组织架构是提高团队效能的有效方法。这意味着不要设置过多的管理层级，确保每一件事情都有明确的负责人，可以直接找到拍板决策的那个人，这样可以大大提高决策的效率，避免不必要的层级阻碍。

第六，重视过程控制是团队管理中的重要环节。将一个大的任务分解成多个时间节点进行检查，可以有效地控制过程中的风险，确保检查的结果是有效的、具体的、真实的，甚至是可触摸的。这样可以及时发现问题并进行调整，避免在任务完成时才发现问题，从而提高整体的工作效率。

第七，要求提前承诺是团队管理中的重要策略。如果没有提前要求团队成员做出承诺，团队成员可能会缺乏预期的心理压力，导致在后期执行任务时出现逆反心理，从而影响任务的完成质量。相反，如果团队成员提前做出承诺，他们往往会更加认真地对待任务，结果也会大不相同。

第八，选择合适的人是团队管理中的关键。不要试图改变一个人，而是让合适的人去做合适的事情。在成人的世界里，只有选择，没有改变。让每个人在其擅长的领域发挥最大的价值，是团队管理中不可忽视的一点。

第九，要结果，不要借口是衡量团队成员是否称职的重要标准。在团队管理中，不要被表面的现象迷惑，重要的是结果。如果没有结果，需要考虑是否有弥补的办法，需要什么帮助。其他方面的汇报往往没有实际意义，因此，一定要养成这种注重结果的习惯和思维。

第十，变化太快，唯有不断改善，才能与时俱进。在这个不断变化的世界中，唯有不断改善，才能应对各种挑战。今天的方法可能明天就不再适用，墨守成规只会让我们碰壁。

因此，管理者需要随时观察团队的状况，注意发现潜在的问题，并不断改善方法，这是应对这个快速变化的世界的唯一办法。

> **赵言慧语**
>
> 创业就是一个不断尝试、不断失败、不断提高的过程，管理也是如此。

执行力

执行力的核心是完成任务的能力

执行力是企业将战略转化为实际行动的关键，它不仅意味着完成任务的速度和效率，更包括在执行过程中不断调整和优化的能力。一个拥有强大执行力的企业，能够在第一时间响应市场变化，快速调整战略方向，以最短的时间、最高的效率完成任务，这是企业在竞争中取胜的重要保障。

小事累积是成就大事的关键

所有大事做不好的人，都是因为小事做不好，因为无论多么大的事，都是由一件件小事拼凑而成的。

明星在开演唱会时，最怕的就是小事出问题，因为10万人同时听演唱会，无论出任何问题都是大事故，小则慌乱，大则死伤，所以任何小错误都是致命的。

于是明星团队在演唱会之前，每次跟第三方安保单位合作去检查场地的时候，都会故意拔掉一个开关，或者做一个手脚，然后过两天再去突击检查。

主要就是看合作方对小事是否注意，如果发现漏洞没有解决，就会取消合作，如果这个漏洞解决了，说明这个合作方做小事很细心，团队执行力很强，可以放心，就会考虑跟他们签约合作，把10万人的演唱会幕后工作交给他们！

为什么一个销售员完不成整月业绩？因为没有把每一天的小事做好；

为什么一家公司完不成月度的指标？因为没有把每一天的指标完成；

为什么一个人不能实现自己的大梦想？因为他连当初的小梦想都没实现；

为什么一个领导者管理不好一个大团队？因为他连几个人都管理不好；

为什么一家公司运营许多年还是无法壮大？因为他连一个点都没做好。

无论做什么，都先做好一个点，再以这个点为起点，把点变成线，再把线变成面，再从面把整个事情每个环节都做得更好。

做事也是一样，做战略也是一样，想取得大结果，先把一个点的突破口做好，先打赢一场场小仗，先努力打赢每天，再努力打赢每周，再努力打赢每月，最后以点带面，取得全年整体的大获全胜！

生活中，有一部分人不喜欢做小事，总喜欢做大事，用我们老一辈做生意的人的话说就是：你都还没有学会走，就天天想着飞起来，口袋都还没有赚到500万，就天天想着怎么能先赚到1个亿，这简直是痴心妄想。

很多老板为什么事业一直做不大？因为都想干"大事"，不想干"小事"。

他们张口闭口就是干大事，便是几千万、几亿的项目，却忘记了任何宏大的事业都是由无数件正确的小事累积起来的！

开个早会不重要吗？

开周会复盘一下不重要吗？

梳理一下生产销售流程不重要吗？

开公司，管团队，服务客户赚钱，倘若这些细节都不重要的话，那你告诉我，什么重要？

事实上，正是这些看似不起眼的细节，构成了公司稳健前行的基石。无论是管理团队、服务客户还是实现盈利，这些细节都扮演着至关重要的角色。

所有公司在市场上拼到最后，就是在拼团队在"细节"上的执行力！

我们要做的是：

别人做完，我们做好！

别人做好，我们做细！

别人做细，我们做精！

别人做精，我们做优！

古人云："天下难事，必作于易；天下大事，必作于细。"细节之中蕴藏着无尽的宝藏，它们不仅是成功的关键，更是企业持续盈利的源泉。

正如大树源自小树苗，高楼起于一砖一瓦，千里之行始于足下。所有伟大的成就，都始于点滴的积累和不懈的努力。

凡是成大事的老板都是一点一滴做起来的，不要因为觉得自己是老板，事情太小就不去做。在营业额达到亿级之前，更是需要亲自监督、亲自驱动，确保每一个细节都尽善尽美。只有这样，我们才能在激烈的市场竞争中立于不败之地，实现事业的持续壮大。

想法千万条，执行第一条，100个、1000个无懈可击、天花乱坠的好想法，都不如当下一个切实可行的行动，快速拿到正反馈，来得更有力量！

找准一个点，这个点就是源泉，然后小步快跑，拥抱变化，快速迭代！

赵言慧语

天大的事，都是从小事开始的。

想成大事，先从做好小事开始。

卓越老板的五大特质

什么样的老板能让公司越做越大？

在我过去10年的培训从业经历中，我见证了无数老板的兴衰起落。他们成败的关键其实就在这5点里，缺一不可。

1. 发心要正：只有心怀正念、正直的领袖，才能引领出同样正直的团队，创造出惠及众生的优质产品，从而成就一家伟大的公司。真正从客户的利益出发，客户满意了，公司的价值才会显现，进而吸引更多客户，形成良性循环。

2. 愿意分钱：具有胸怀和格局的老板，懂得在公司盈利后与员工共享成果，而非削减员工收入。这样做能激发员工的积极性，维护团队稳定，避免核心团队流失和业绩下滑。记住，让员工富起来，公司才能更强大。公司赚到钱了以后，一定是越分越多，而不是越分越少，把员工原本的收入往下压，这一点，非常非常重要！

你们知道为什么很多老板刚开始做得不错，最后核心团队陆续流失，业绩直线下滑，直至公司倒闭吗？

90%的原因都是，老板想的不再是怎么让团队赚更多的钱，而是整天想着让公司怎么减少成本，怎么能让大家干得多拿得越来越少，所以导致员工也越来越没干劲，人心涣散……

一个能够把公司做大的老板，他的脑子里应该想的永远是：如何去赚市场上的钱，而不是去赚自己公司那点成本的钱，在自己公司员工身上找利润。

3. 自知之明：一定要有自知之明，时势造英雄，在时代的洪流面前，我们每个人都是一粒尘埃。要明白自己的成功往往离不开时代的红利。在时代的洪流中，保持谦逊，认识到自己的局限性和成功背后的真正原因，是持续成功的关键。

你要明白你赚钱的真实原因是什么，大部分老板赚钱的原因根本不是他能力强，而是时代的红利。

所以，一定要知道自己当初为什么成功，才能继续成功，才能避免失败！

4. 保持敬畏之心：一定不要失去敬畏之心，无论是对客户还是对团队都应该像刚创业时的初心，很多老板有点钱了之后就忘乎所以了，不把客户当客户了，也不把员工当员工了！

刚创业的时候，对客户的每个反馈都很重视；后来客户多了，随便客户怎么反馈都无所谓了。

刚创业的时候，对员工的每个不满都很重视；后来团队多了，随便员工怎么不满也不重视了。

核心还是没有敬畏之心了！

5. 不骄不躁：一定不要飘，有点小成绩就沾沾自喜，不要被外界的诱惑影响，你能成功是因为你做好了某件事，所以你成功了，但是这不代表你做其他事也能成功！

踏踏实实、脚踏实地做好自己该做的事情，服务好自己该服务的客户，这就是最大的成功！

让一个老板失败破产的从来不是衣食住行，而是错误的判断，被外界的各种声音诱惑，盲目地投资，导致一错再错，再也无法翻身！

不要被诱惑冲昏了头脑，不要违背规律！记住，你的心若坚定去西天取经，便再也没有人可以影响到你！

总之，一个能让公司越做越大的老板，必定是一个发心正、懂分享、有自知之明、保持敬畏且脚踏实地的人。

> **赵言慧语**
>
> 老板与老板之间最大的区别在于他们的思维方式和动机。

提升员工绩效四大策略

员工工作表现不佳的四个主要原因及应对策略。

1. 缺乏动力（不想做）

员工缺乏动力，表现出对工作的冷漠和不积极，这是一个普遍存在的问题。面对这种情况，我们可以通过改革机制，让每个员工做的每一件事情都与自己的利益紧密相连。具体来说，可以制定出一套让员工为自己打工的机制，而不是仅仅为老板打工。通过这种方式，员工会更加关注自己的工作成果，从而提高他们的积极性和工作表现。

2. 能力不足（不会做）

当员工表现出能力不足，无法胜任工作时，这往往反映出公司在人才培养和复制方面的不足。为了解决这个问题，我们需要加强业务流程体系和培训体系建设。通过系统的培训和实践，即使是新入职的员工也能迅速成长为业务高手。此外，我们还可以通过建立导师制度，让经验丰富的员工带领新人，帮助他们更快地适应工作，提高工作表现。

3. 岗位不匹配（不适合做）

岗位不匹配是导致员工工作表现不佳的另一个重要原因。当员工被安排在不适合他们的岗位上时，不仅会影响他们的工作表现，还会导致他们的工作满意度下降。因此，我们需要优化招聘流程，确保找到最适合岗位的人才。通过科学的招聘方法和评估工具，我们可以更好地了解应聘者的能力和性格特点，从而实现人岗匹配，提高工作效率和员工满意度。

4. 心态问题（心态不好）

心态问题也是影响员工工作表现的重要因素之一。为了营造良好的工作氛围，我们需要从多个方面入手。首先，要建立积极向上的团队文化，让员工感受到团队的温暖和支持。其次，要改善工作环境，创造一个舒适、愉悦的工作氛围。再次，还要建立有效的沟通机制，让员工能够畅所欲言，及时解决工作中的问题。最后，要检查我们的激励机制是否公平公正，是否合理，以激发员工的积极性和创造力。

此外，员工不会干什么事情？

员工不会坚持做领导没有检视的事！

员工不会重视做公司没有考核的事！

员工不会持续做对自己没有激励的事！

没有检视，就没有重视，等于0。

没有考核，就没有行动，等于0。

没有行动，就没有结果，等于0。

没有激励，就没有改善，等于0。

员工不会干领导想让他干的事，员工只会干对自己有利、上级重视的事！

为了确保员工能够积极主动地完成任务，我们需要建立一套完善的检视和考核机制。通过定期的检视和考核，员工会更加重视自己的工作，从而提高工作表现。同时，我们还需要建立有效的激励机制，让员工感受到自己的努力能够得到相应的回报，从而激发他们的积极性和创造力。只有这样，员工才会更加主动地完成领导交代的任务，为公司的发展做出更大的贡献。

> **赵言慧语**
>
> 员工不会做你希望他做的事情，也不愿做你要检查的事情，他只会做和他利益相关的事情。

管团队标准一定要高

在团队管理中，老板对团队做事的标准一定要高。如果你设定的标准很高，那么留下来的员工就会更加优秀。这些优秀的员工会通过他们的努力和智慧，推动公司的业绩不断提升。随着业绩的提升，公司能够获得更多的利润和发展机会。这样一来，你就有更多的资源可以分配给员工，包括高工资、丰厚的奖金、广阔的发展平台、分红、股份，甚至是独立的分公司，为他们提供一个充满希望和前景的未来。

随着优秀员工的加入，他们会吸引更多的优秀人才进入公司。这样，公司内部的人才密度会越来越高，能够独立承担重任、聪明机智的人才也会越来越多。有了这样的人才储备，公司的战略蓝图就能够从理想变为现实。作为老板，你可以加快公司前进的步伐，拓展新的产品或项目，并且有优秀的项目负责人来带领这些项目。因为事在人为，有了合适的人才，事情自然会顺利进行。

随着更多优秀的项目负责人加入，公司推出的新项目和新产品将会取得更好的成果，从而为公司带来更多的利润。有了更多的资金，老板可以放心大胆地加大投入，对公司的各个系统进行优化和升级，放开手脚进行扩张，快速抢占市场份额。

这一切美好的结果，都源于老板对员工的高标准要求。相反，如果你作为老板，不好意思提出更高的要求，不好意思提高标准，那么员工就无法获得更高的收入，无法在公司中生存下去，最终被迫离开，而公司也会因为缺乏优秀的人才而被市场淘汰，走向倒闭的边缘。

关键在于，如果员工在工作中感到不满意，他们可以随时选择离开，寻找新的工作机会。而作为老板的你，却没有这样的自由。除非你愿意承担倾家荡产、资产清算的风险，否则你必须坚持下去，不断提高团队的标准和要求。

看到这里，你应该明白，公司所有问题的根源，往往是因为老板对员工的要求标准不够高。这会导致公司培养出一群满足于现状、安逸度日的"懒人"，而不是一群勤奋努力、积极进取、渴望有所作为的"狠人"。

所以，在看完我写的这段话之后，你应该意识到，过去无法改变，但从今天开始，你觉得你应该对团队成员的标准提高一些，还是降低一些呢？

> **赵言慧语**
>
> 只有高标准，才有高质量，标准越高，结果越好，管理就是：立标准，树榜样！

企业文化落地的核心是认同

在打造企业文化的过程中，钱是最不重要的，但钱又是必不可少的。

如果一个团队的文化是只谈钱的话，那就会因钱而聚，因钱而散。

因为不仅只有你出得起这个钱，别人也给得起，或者总有一天你钱给得不那么多了，薪酬失去竞争力了，他们因钱而来的人，也都会因钱离你而去！

所以，老板在团队管理的过程中，除要给钱以外，还必须给一些其他东西，比如情感的关怀、精神的滋养、文化的传承与心灵的沟通。这些非物质的因素，是团队凝聚力与持久力的源泉。

我见过一开始就只谈钱，不注重文化的公司，最后快速增长的结局就是快速下滑，企业如无根浮萍，难以稳定。

我也见过一开始只谈钱，后来开始注重文化的公司，但团队中高层的功利心已经形成，无论使用各种方式，文化都难以植入，又很难推倒重来，公司也日益走向下滑。

所以，我给中小企业老板最大的建议就是"从团队组建的第一天开始就要植入文化"！

植入"为行业立命、为客户立心、为社会创造价值、为自己立下大志为一体"的企业文化！

公司最重要的就是战略，而战略的背后就是文化，文化的背后就是"一群志同道合的人"！

一家创业公司最重要的不是"有多少钱"，而是公司的"创始团队和核心高层"，其中最难能可贵的是彼此共同经历过无数的磨难后，眼神的默契、无条件的信任，这些才是一个团队最珍贵的无形资产！

老板或许可以没有深厚的个人文化素养，但企业若缺乏文化则绝对不行！没文化的企业通常体现在以下 3 个方面。

1. 缺乏正确的价值观引导，或者灌输的是错误的、低层次的价值观。

2. 缺乏传承性的故事和事迹，员工既不回顾过去，也不展望未来，只关注眼前利益和个人得失。

3. 缺乏内在的文化吸引力，企业除追求经济利益外，缺乏灵魂和温度，团队内部氛围冷漠。

那么，企业文化要靠谁来传播和巩固呢？

1. 创始人：企业文化在很大程度上是创始人文化的体现，老板自身的特质会深刻影响并放大到整个团队。

2. 股东与高管：他们拥有身份、地位、威望和感染力，是企业文化不可或缺的传播者。

3. 老员工：作为长期留在公司的成员，他们通常是文化的认同者，其传承文化更具说服力。

很多公司老板误以为，通过重金打造漂亮的标语、口号和文化墙，并将其展示在公司前台或最显眼的位置，就能形成企业文化。请问，这些真的是企业文化吗？

记住，真正的企业文化绝非仅仅是几句口号或标语，它是在企业长期发展过程中自然形成的，是绝大多数员工从内心深处认同的观念，是一种无形的精神凝聚力！

为什么很多公司的企业文化口号喊得响亮，但在实际执行中却毫无改变？原因就在于这些企业仅仅停留在口号的层面，没有真正将文化融入日常管理和员工行为中。他们真的只是喊了个口号，设计了个标语。

企业文化是可以设计出来的吗？

企业文化可以设计其外在表现形式，但其核心内涵是无法人为设计的。只有当表象与内涵相一致时，企业文化才能发挥其巨大作用；反之，若表象与内涵脱节，企业文化就只能是形同虚设。

因此，真正的企业文化从来不是说出来或演出来的，而是通过公司老板、高管、老员工的言行举止潜移默化地深入人心，并通过绝大多数员工在日常工作中的自发行为来体现的一种做人做事的原则。

> **赵言慧语**
>
> 老板就是企业的一号员工，你言传身教，员工才会"上行下效"，否则光喊口号没什么用。

3个问题判断员工的潜力

要判断一个员工是否具备真正的才能,其实只需要通过询问3个简单的问题,便可以迅速得出结论。这3个问题分别如下。

1. 你最近的目标是什么?

一个真正有抱负且勤奋的员工,应当能够明确地表达出自己的目标。如果他或她在这方面显得含糊其词,甚至无法清晰地阐述自己的目标,这通常意味着其工作可能缺乏明确的方向感,甚至可能在浑浑噩噩地度过每一天。目标就像是一盏明灯,指引着人们前进的方向。没有目标的人,就像是在茫茫大海中失去了航向的船只,无法抵达理想的彼岸。

2. 你为实现目标采取了哪些行动?

一个有明确目标的人,会不断地围绕着目标进行各种努力和尝试;那些没有目标的人,则往往会被外界的琐事左右,每天都在关注着世界发生了什么、身边的人发生了什么、朋友发生了什么、别人发生了什么,他们的时间总是被这些无关紧要的事情占据,却从不为自己的目标付出实际行动。

3. 你认为自己在哪些方面还有提升的空间?

一个真正有上进心、有自我意识的人,会不断地进行自我反思,努力改进自己做得不够好的地方,而不是一遇到问题就找各种理由、借口,甚至自以为已经做得足够好。在这个世界上,最可笑的事情莫过于一个不努力的人,在一个真正努力的人面前夸耀自己"其实我很努力",因为他可能并不知道,这个世界上还有一种人叫作"过来人",他们经历过类似的困境,却通过不懈的努力取得了成功。

通过以上3个问题的询问，你大概率可以对你面前的这个人进行初步的判断，了解其思考水平和实现目标的能力。一个人如果没有明确的目标，就难以制订出清晰的计划；没有清晰的计划，就难以有坚定的执行；没有坚定的执行，就难以取得肯定的结果。大成功往往源于大决心，而大决心的背后则是大目标。大目标的设定需要依赖于周密的计划，而大计划的实施则能够显著提高成功的概率。最终，这种概率将导向大成功。否则，一个人可能就会陷入一种漫无目的的状态，想到哪里就做到哪里，走到哪里就是哪里，想做什么就做什么。几年时间一晃而过，身边的一切都在发生变化，只有他，依旧保持着过去一成不变的状态，不进步、不学习、不反思，继续原地踏步，最终被时代淘汰。

> **赵言慧语**
>
> 如何找对人：只筛选，不教育；只选择，不改变。

执行力缺失的7个原因

一个有经验的管理者管理一个团队，只重点关注3件事：

1. 关注整个团队的士气。士气体现精神面貌，反映管理水平，影响方式方法，士气决定战斗力。因此，带团队的核心就是激发团队的野心、欲望和积极状态！

如果团队整体的士气、氛围低迷，去抓任何的业绩、任何目标，效果都会大打折扣！心在一起才能同频共振，人心的事，急不得，需要足够的耐心、爱心和专业技能、职业精神，才有可能慢慢地改变！

2. 看员工的工作习惯。员工的工作习惯是上级领导的一面镜子，你怎么想、怎么做，潜移默化的影响远远超出我们的想象，这就是所谓的文化，如拖拉型、高效型等。

带团队如烹小鲜，不能一生气就把锅给掀了，要像做精美的美食那样，做工精细、火候精准，慢慢熬，用心熬，才能熬制出高汤！

3. 抓业务流程和工作技能。业务流程明确了各岗位在不同时间应完成的任务、任务的目的、完成的标准、任务的意义、所需的技能以及谁来负责检查、辅导和考核等。

管理的核心在于"爱"，即关爱员工、尊重员工。如果缺乏爱员工、员工至上的理念，最终都会走向毁灭。员工至上的理念的前提是足够耐心，用通俗的语言来说就是：菩萨心肠，霹雳手段！菩萨心肠在前，霹雳手段在后！

为什么别人家的员工如狼似虎、充满斗志，而你们家的员工却显得软绵绵、缺乏活力？

这是员工本身的问题，还是管理上的缺失？

如何激发团队的执行力，让每位成员都能像狼一样勇往直前？

下面，我们来探讨团队缺乏执行力的原因及解决方案。

1. 缺目标：员工不知道做什么

解决方案：设定明确的目标。确保团队成员清楚知道他们需要完成的目标是什么，目标要具体、可衡量和可达成。

2. 缺计划：员工做事没有头绪

解决方案：制定详细的计划。提供清晰的工作计划和指导，确保团队成员知道应该采取什么步骤，如何分配时间和资源。

3. 缺流程：员工做事不顺利

解决方案：建立良好的流程。确保团队成员了解和遵守适当的工作流程，流程应该高效、规范并减少不必要的复杂性。

4. 缺培训：员工能力没有提升

解决方案：提供培训和发展机会。通过培训和发展计划，提升团队成员的技能和能力，使他们更有信心和能力完成任务。

5. 缺方法：员工不知道怎样做好

解决方案：分享有效方法和最佳实践。促使团队成员分享彼此的经验和成功实践，以帮助他们相互学习和借鉴。

6. 缺奖罚：员工做好做坏没区别

解决方案：设立奖励和惩罚机制。建立明确的奖励机制，鼓励团队成员积极参与和高效执行任务，同时确保对不履行职责的行为采取适当的惩罚措施。

7. 缺考核：员工付出劳动和获得的回报不成正比

解决方案：进行有效的绩效考核。建立绩效考核体系，明确评估团队成员的工作表现和贡献，将绩效与回报相连，激励团队成员更加努力和有动力地工作。

缺目标是因为没有——目标责任；

缺计划是因为没有——岗位职责；

缺流程是因为没有——业务流程；

缺培训是因为没有——培训体系；

缺方法是因为没有——复盘总结；

缺奖罚是因为没有——奖惩机制；

缺考核是因为没有——薪酬绩效。

深思这些原因与解决方案，我们不难发现，提升团队执行力并非一蹴而就，而是一个系统工程。它要求管理者从目标设定、计划制订、流程优化、培训发展、方法分享、奖惩机制、绩效考核等方面入手，构建一套完整的管理体系。只有当这些要素相互支撑、协调一致时，才能真正激发团队的潜力，让每个人都像狼一样，充满斗志和执行力。

记住，个人的成长离不开持续的学习，而企业的成功则离不开一个完善、高效的管理体系。因此，作为管理者，我们应当不断反思和完善我们的管理制度、机制体系，为企业的长远发展奠定坚实的基础。只有这样，我们才能确保团队始终保持高昂的斗志和强大的执行力，不断攀登新的高峰。

> **赵言慧语**
>
> 执行力就是：用正确的人，做正确的事，把事做正确。

打造高效团队的 10 大激励方法

在当今竞争激烈的商业环境中，中小企业老板要想成功激励团队，必须采取多种有效的方法。以下是一些经过实践验证的策略，可以帮助老板们更好地激发员工的潜力和积极性。

1. 树立榜样：老板和领导应成为员工们的正面模仿对象，

通过自身行为树立积极榜样。这意味着老板需要在日常工作中展现出高度的责任感、专业能力和敬业精神，让员工们看到一个值得学习的典范。

2. 自我激励：在激励他人之前，老板首先要学会自我激励，保持积极向上的心态。只有当老板自己充满活力和热情时，才能有效地将这种正能量传递给团队成员。

3. 高效示范：要让下属高效工作，老板自身必须避免低效行为，成为高效工作的典范。这包括合理安排时间、优先处理重要任务以及避免拖延症等不良习惯。

4. 精明强干形象：通过实际行动和决策，塑造自己精明强干、值得信赖的形象。老板需要在关键时刻做出明智的决策，并在日常工作中展现出卓越的领导能力。

5. 身先士卒：在面对挑战和困难时，老板应一马当先，身先士卒，为员工树立勇气和决心的榜样。这种行为可以极大地增强员工的信心和士气，让他们感受到老板与他们同在。

6. 热情感染：用自己的工作热情和激情感染员工，激发他们的工作动力和创造力。一个充满激情的老板可以激发员工的内在动力，让他们更加投入和高效地完成工作。

7. 勇于担当：当遇到员工难以解决的问题时，老板应主动承担，而不是简单地推卸责任。这种勇于承担责任的态度可以让员工感受到老板的支持和信任，从而增强团队的凝聚力。

8. 亲力亲为：通过亲自参与工作，与员工并肩作战，可以极大地激发员工的积极性和归属感。这种参与不仅能让老板更好地了解员工的工作状况，还能让员工感受到老板的关心和支持。

9. 树立榜样人物：在员工中发掘并树立榜样人物，通过他们的成功故事激励其他员工。这些榜样人物可以是公司内部的优秀员工，也可以是行业内的成功人士，他们的故事可以成为员工学习的榜样。

10. 展望未来：让员工对公司的未来充满信心，通过分享公司愿景和战略规划，增强员工的归属感和使命感。一个明确的未来愿景可以让员工看到自己在公司中的发展机会，从而更加积极地投入工作中。

一切管理的核心只有3个字："激活人"。任何偏离了激活员工战斗力和凝聚力的管理动作，都不过是表面功夫，都是花拳绣腿、假把戏，自欺欺人，难以产生真正的实效。因此，中小企业老板在管理中应始终围绕这一核心，不断探索和实践有效的激励方法。通过这些方法，老板们可以激发员工的潜力，增强团队的凝聚力，最终推动公司实现更高的业绩和目标。

赵言慧语

奖一人可悦万军，奖之；

罚一人可震万军，罚之。

因果导向 VS 结果导向

结果导向的领导不是好领导。

因果包含了结果：种的因和结的果。结果导向是裁判思维、承包思维，是不承担领导责任的思维；因果导向是教练思维、领导思维。领导,就是带领、导师。要想得到果,关键在于关注因。

在管理过程中,我们常常会发现一种"结果导向"的领导方式,这种领导方式往往强调的是结果,而不是过程。相信你经常会听到领导说:"我重视的是结果,只要你能及时、准确地完成工作,你中间怎么做不是关键,也不用告诉我。"然而,这种方式对吗?一个优秀的领导者,并不会只重视结果,他们也同样会重视因,即既重视过程,也重视结果。

首先,只重视结果的领导不是一位好领导。结果导向领导只注重结果,而忽略过程的重要性。他们只关心目标是否达成,而不关心员工是否有能力完成这项工作,忽略带领、导师的职责。

其次,领导者如果只会交代工作和接收最终结果,而漠视作为团队导师、带领团队的职责,就会降低团队成员对领导者的信服力。团队成员对领导者的信服力降低了,领导者的影响力也会跟着降低,而影响力降低了,领导者就无法带好一个团队。记住,领导力的底线不在于我们自己能够走多远,而在于我们能够让别人走多远。

一个好的领导者,不但要关注结果,也要关注过程,根据实际情况综合调配两者之间的轻重。因为领导者有很多自己的工作职责,也没办法把所有精力都放在过程之中。

第一,领导应该关注团队成员的需求、关注他们的成长,并为他们提供必要的培训和支持。好的领导还应该为团队设定明确的目标,并建立可衡量和可实现的指标,以便跟踪进度并评估结果。

第二,领导者也要懂得如何合理分配"猴子"。"猴子"即双方谈话结束后的下一个步骤。猴子不是问题、项目、计划或机会，猴子只是解决问题、开展项目与计划或是投入机会的下一个行动方案、下一个措施。

当下属有问题找你求救时，他们大部分的目的不是寻求一个解决方案，而是找到一个能解决问题的人。这时候你要清楚这只"猴子"应该在谁的背上。记住，无论问题是什么，下属永远是承接下一个步骤的那一方，也就是"猴子"的真正主人。所以，作为领导者，你应该引导下属找出解决问题的方法，而非直接替他想，然后简单地告诉他要怎么做。

公司依赖于结果而生存。没有实际的结果，即使梦想再伟大，也终将化为泡影。对于任何一家公司的发展而言，坚持结果导向是至关重要的，因为"结果"是企业得以生存的基础与前提。

然而，如果我们仅仅将目光锁定在结果上，结果往往并不会如我们所愿发生变化。要实现我们期望的结果，首先必须确保我们做的事情是正确的。而这个"正确的事情"，正是我们期望结果的"因"。

俗话说得好，"种瓜得瓜，种豆得豆"。种下什么样的因，就会得到什么样的果。如果我们能够正确地选择并实践这个"因"，那么自然就能够收获我们想要的"果"。

如果我们仅仅以"结果导向"来指导行动，可能会因为找不到或找不对做事的"因"，而永远无法实现期望的结果。然而，如果我们以"因果导向"来思考，就会发现，只要我们正确地选择了并实践了"因"，就能够自然而然地得到我们最想要的"果"。

结果导向可能会使我们过于关注想要的结果，而忽视了结果形成的过程，从而导致以结果为最终目的的短期行为。这样的行为可能会做错"因",从而导致结果无法实现。而当错误的结果形成时,我们已经错过了改正的机会。

相比之下,因果导向既关注结果,也关注过程,更看重形成结果的"因"。这种思维导向从一开始就教导我们如何正确地做事情。它引导我们先找到正确的"因",再从这个"因"出发去寻找结果。因此,相对于结果导向,因果导向更容易保证结果的实现。

结果导向是先战斗再寻求胜利,至于能否获胜,我们只能等待结果来揭晓;因果导向则是先确定胜利再投入战斗,从一开始就锁定了胜利,并持续走向胜利。

学会从"因"上去努力,而非在"果"上强求!

赵言慧语

> 优秀是因,成功是果;因上精进,果上随缘;只问耕耘,不问收获!

决策力

做对的事情比把事情做对更重要

决策力是企业稳健发展的基石之一。决策力是企业在复杂多变的市场中做出正确决策的能力。老板正确的决策能够为企业带来长远的利益和竞争优势。因此,企业在作决策时,不仅要考虑眼前的利益得失,更要着眼于未来的发展趋势和市场需求。在快速变化的市场环境中,正确的决策往往能够决定企业的命运。因此,在决策过程中要充分考虑各种因素和风险并做出最符合企业利益的选择。记住,做对的事情比把事情做对更重要!

解决企业问题的万能框架

给所有老板们分享一个解决问题的万能框架，遵循这样的逻辑思考，哪怕面对再大的挑战，也能确保行事不迷茫。

1. 是什么？指事物的根本属性，即明确问题的本质。

识别问题的表象与核心。例如，员工偷懒，工作不努力，表象之下，可能是员工对工作缺乏归属感或动力。

2. 为什么？指问题的根源和底层逻辑，即探究问题的根源。

深入分析问题的内在原因。员工为何缺乏工作动力？可能是因为他们觉得工作与个人发展关系不大，缺乏激励机制，或是工作环境不佳等。

思考员工加入公司的初衷与期望（赚钱、成长、精神满足），检查公司是否满足了员工这些基本需求。

3. 怎么做？指如何解决问题和为我所用，即制定解决方案并实施。

针对问题根源，制定具体措施。如完善分配机制、发展机制和营造积极文化氛围，以满足员工对赚钱、成长和精神的需求。

强调管理要制度化、流程化，通过制度和流程来规范员工行为，而非单纯依赖个人管理。

举例：员工偷懒，工作不努力。

1. 是什么？

表面是员工偷懒，工作不努力，很多老板看到之后就狂轰滥炸，一顿教训，员工马上有好转，但过一段时间又变回老样子。请问，员工不努力工作的根本问题解决了吗？没有！

为什么没有？因为老板没有了解员工为什么工作偷懒不努力。根本的原因是什么？根本原因是员工没有把自己的工作当回事，当一天和尚撞一天钟，得过且过，感觉工作跟自己没有太大关系，所以偷懒不努力……

但如果说每件工作都跟他有很大关系，他可能就会很努力，所以问题的根源是：工作的好坏和他们没有关系或者说关系不大，所以员工无所谓！

2. 为什么？

员工为什么没有把公司工作当成自己的工作？核心问题在哪里？

那我们就要思考，员工为什么会加入我们公司，以及加入我们公司想得到什么样的结果。

员工之所以愿意加入我们公司，或者离职，无非就是这3点得到了满足或未被满足：①赚钱；②成长；③精神。

那这个时候我们就要思考，我们有没有建立完善的公司管理系统，让加入公司的员工在公司能赚到钱，能得到成长，能开心快乐地工作。

我们有没有满足员工加入公司时要实现的3大需求？如果没有满足，那如果你是员工，你也会离职，对吧？那员工不努力工作也是正常情况！

3. 怎么做？

现在问题已经很明确了，表面上是员工不努力，实际上是我们公司的管理系统不完善，没有给员工制定好合理的管理体系，所以导致这样的事情发生。那如何解决？

我们内部就要：

完善好分配机制满足员工对赚钱的需求；

完善好发展机制满足员工对成长的需求；
营造好文化氛围满足员工对精神的需求。

让加入公司的每个员工在公司能赚到钱，能成长，能开开心心的，员工自然会努力工作！

如果可以，自己着手设计一套完善的内部管理系统；如果公司精力不允许，则可以尝试专业咨询公司提供的全套方案。

所有做老板的人，都要"多修路少修人"，公司问题表面上是人的问题，实际上背后都是机制没有设定好的问题，聪明的老板一定不会想尽办法改变某个人，而是想尽办法设定好机制，让人自动发生改变！

管理要制度化，制度要流程化，制度管人，流程管事，团队打天下，机制定江山！一个强大的企业，一定是管理系统、制度和流程完善的结果！

> **赵言慧语**
>
> 万能的思维方法三段论——是什么？为什么？怎么做？

小公司避免倒闭指南

小公司快速走向倒闭的4个原因及改进方法。
1. 不赚钱的员工太多。
小公司的资源有限，每位在职员工都应该对公司的盈利有所贡献。有的公司为了追求规模，忽视了盈利情况，导致员工人效低下，公司持续亏损。

改进方法：要先明确公司的组织架构和员工的岗位职责，确保招来的每位员工都能为公司创造价值，而不是华而不实；优化人力资源配置，避免冗余岗位和人员，提高整体人效。

2. 小公司管理不当。

小公司的管理方式可能过于僵化或过度依赖制度，不注重当下的运营情况，无法灵活自如，导致决策失误和资源浪费。

改进方法：制定适合小公司的灵活管理模式，结合实际情况进行决策，借鉴大企业的管理模式经验，但不盲目照搬，保持管理的敏捷性，配合效率要高。

3. 小公司跟大企业学的搞形式。

小公司人少但制度多，如果追求过多的制度和流程，可能让所有人陷入烦琐的流程操作中，浪费时间和精力，这就是"没有大公司命，却有大公司病"。

改进方法：精简公司内部管理流程，建立简单高效的工作机制，注重结果而非形式，使员工更专注于实际业务。

4. 公司小志向却不小。

小公司的灵活性和创新精神是优势，小公司有大梦想也是好事，但如果在资源有限的情况下，盲目追求各种业务而忽视核心竞争力，就会分散精力、失去优势、增加风险，步子迈太大容易失败。

改进方法：明确公司的核心定位和战略目标，专注于优势领域，逐步扩展业务，同时保持合理的资源分配和控制风险的能力。

以上 4 个问题的改进方案汇总，其实就是老板必须打造好公司内部完善的管理系统，激发员工的自驱力，让员工都能自动自发地为自己工作，使每个人都能为公司的目标主动自发地工作。只有这样，公司才能持续成长，迈向新的台阶。

赵言慧语

小公司发展，先站住，再站高；先活着，再活好。

团队难管的 7 大原因

很多老板尽管费尽心思，却仍然难以管理好自己的团队，这背后可能有 7 大原因。

1. 流程出现问题：如果一个团队经常重复犯错或出错，很可能是流程上存在问题。明确何时做何事，以及做事的先后顺序，对于团队的高效运作至关重要。

2. 制度出现问题：如果团队中个别人偷懒可能是个别现象，但如果经常有人偷懒，那么很可能是制度上出了问题。如果干好干坏一个样，勤奋就可能被视为另类；如果不努力成为共识，那么努力就可能被视为错误。

3. 激励出现问题：如果一个团队总有很多人不求上进，不主动做事，大概率是团队的激励机制出现了问题，人人都害怕承担责任，人人都彼此藏着掖着，有问题也当没看见，逃避成为一种常态。

4. 考核出现问题：如果团队缺乏有效的监督机制，那么考核很可能只是走形式，员工对考核缺乏敬畏之心，敷衍了事。

5. 权责出现问题：如果团队中经常出现扯皮推诿的现象，那么很可能是权责不清。在这种情况下，员工之间会相互推卸责任，人人都有责任，但又人人都没有明确的责任。

6. 文化出现问题：如果团队中抱怨声四起，负面情绪较多，那么很可能是组织文化环境出了问题。文化作为价值导向和行为规范，对员工有着潜移默化的影响。

7. 公司出现问题：如果员工跳槽频繁，那么很可能是公司本身出了问题。公司氛围不佳、领导缺乏信心、团队发展滞后、企业文化糟糕等因素都可能导致员工看不到希望和未来。

接下来给大家分享一下，高效管理好团队的5字诀窍。

一、立

1. 立规矩：无规矩不成方圆，必须确立明确的管理规则，确保所有事务都有章可循，行事前规矩先行。

2. 立威信：兵熊熊一个，将熊熊一窝，领导者必须树立威信，管理者无威信不立，忌与员工走得太近。

二、教

1. 教行为：向团队成员传授团队使命、背景、工作前景，明确哪些事可以做、哪些事不能做，以及团队的具体规矩。

2. 教观点：灌输企业文化和团队价值观，通过实例分析对错，鼓励反思，组织团建活动，促进头脑风暴，增强团队凝聚力。

三、明

1. 明目标：清晰制定并传达团队的短期目标和长期愿景，以此激发员工的斗志和积极性。

2. 明责权：明确每个岗位的职责，制定奖惩标准，确保责任与权利相匹配，目标与薪酬挂钩，激励员工尽职尽责。

四、查

1. 查过程：加强对工作过程的监督与检查，及时纠正错误，确保工作流程顺畅无误，为良好结果奠定基础。

2. 查结果：坚持结果导向，明确工作成果的重要性。过程虽重要，但结果才是衡量工作成效的最终标准。

五、奖

1. 及时奖：奖励应及时给予，以增强激励效果。特别是过程性检查中的优秀表现，更应得到及时的认可与奖励。

2. 优劣奖：奖励优秀，惩罚失职，树立正面典型，警示反面教材，通过对比激励员工积极向上。

3. 多样奖：灵活运用精神奖励、金钱奖励和物质奖励等多种方式，根据实际情况变换花样，以满足员工的不同需求。

除了以上5点，还有一个至关重要的因素：老板的真心。老板必须真心希望员工变得更好，发自内心地关爱员工，去帮助团队成长，只有这样才能真正发挥效用，促进团队的持续发展和繁荣。

老板的发心如果不对，即使学习再多的技巧、招数，也无济于事。

赵言慧语

你能成就多少人，就有多少人反过来成就你。

老板作决策的 3 个关键

在老板经营企业的过程中,正确的决策至关重要。以下是一些关于如何作出正确决策的建议。

1. 决策要慢,稳中求胜。在作出重要决策时,不要急于求成,而是要深思熟虑,确保每一步都稳健可靠。"不要用战术上的勤奋掩盖战略上的懒惰。"这句话也可以理解为"用战术上的勤奋掩盖战略上的无能"。相反,不那么勤奋,不打"鸡血式"地胡乱动作,把一件事想清楚再出手,远比所谓"自律"难得多。很多时候回看,很多事不是在战略上懒惰,而是根本没能力把复杂问题想清楚,没看到事物本质就盲目作决策、去执行,最后才发现,一开始就错了,所以一错再错。

2. 听得进反对意见,是人性一辈子的修炼。在决策过程中,能够听取不同的意见是非常重要的。这里我并不是说反对意见就是对的,但任何与自己不同的想法都代表了一种自己视野和认知之外的视角。记住"再荒谬的观点,也必有其合理之处",这些不同视角的不同建议,本身就是对自己盲点和认知的宝贵补充。通过倾听不同的声音,我们可以更好地理解问题的各个方面,从而做出更全面、更明智的决策。

3. 只做一件事,高手都懂得做减法。在经营企业时,资源是有限的,包括人力、物力和财力。因此,每一个动作都需要谨慎考虑。不会开枪的人总是希望有更多子弹,通过疯狂、赌运气式的不断开枪来命中目标。但是,有一定经验的枪手,一定会意识到命中率的重要性,能一击制敌的,绝对不开第二枪！这就是《孙子兵法》讲的"胜兵先胜而后求战"，小公司由于资源有限，因此每一个动作都需要谨慎考虑，确保资源集中在关键的决策上，瞄准对手的软肋，才能一击致命。集中精力和资源在最重要的事情上，而不是分散精力在无关紧要的事情上。这样，才能确保在关键时刻一击即中，取得成功。

> **赵言慧语**
>
> 胜兵先胜而后求战，败兵先战而后求胜。
> 沙盘上推演不出的胜利，实战中更不可能打赢！

识局者生，破局者存，掌局者赢

在一个已经衰败的方向中，无论你如何挣扎，都只是从一个坑跳到另一个坑，难以摆脱困境。

例如，当某个行业不景气时，行业内的人可能会试图通过跳槽到另一家公司来改善处境，但往往会发现，只要还在这个行业内，无论跳槽多少次，结果和状态都不会有根本性的改变。

记住，在整个大方向趋势下行时，已经不是单单说某几家公司的问题，而是整个"势"的问题！

小老板"做事"，中老板"抢市"，大老板"顺势"，这就是古人说的"大势所趋"！

所以，如果你想破局，你要考虑的不是换一家公司、换一个产品，而是要考虑怎么才能和别人不一样，快速跳出这个坑？

只有跳出来，跳出行业看行业，才能看到未来更大的希望，不然永远都是井底之蛙。记住，存量的市场，无论你再怎样努力，你的成效就是这么多，一眼可以望到尽头。

能否取得结果，跟你努力不努力没太大关系，跟时代、环境、趋势有很大关系！

努力一定会成功，这句话是有条件的，努力一定要建立在方向正确的基础上，很多时候，选择一定大于努力，做生意要赚钱，项目本身一定大于一切！

如果你已经感觉到当前的方向行不通，那么趁早跳出，不要与趋势对抗，也不要因为害怕而不敢行动。很多时候，新的机会都是在"破局"之后才显现出来的。

世界上最大的监狱，是人的思维意识。人一旦敢于破局，思维的牢笼就会被彻底打开。

人生如棋，识局者生，破局者存，掌局者赢。

高手并不是能力比我们强、智商比我们高、定力比我们好，而是他们思考比我们深、见识比我们广，他们看到了更大的系统。

这个系统，就是局。

所谓"不破不立"，懂得打破常规去思考的人，才能成为不同寻常的人。

赵言慧语

不破不立，小破小立，大破大立！

投资生意的 3 大秘诀

做生意投资项目赚钱，投资界大佬们做任何投资和选择之前，都会特别关注行业赛道。选对赛道至关重要，但项目本身的优劣也极为关键，甚至可以说项目本身的重要性在某种程度上超越了其他因素，之后才是考察创始人的能力。

我们只看到有的人成为亿万富翁，赚得盆满钵满，却很少有人研究，他当初为什么会选择从事这个行业，并且能赚到这么多钱，利润这么高。

关于生意选择，这里有 3 个建议给大家：

1. 能做高单价产品，不做低单价产品；
2. 能做批发的生意，不做零售生意；
3. 能做高复购生意，不做低复购生意。

有的人做一单就能吃一年，有的人做 100 单也吃不了一年，有的人一天没单就要出大问题。请问谁做生意更辛苦？

有的人做一单就能卖 1000 件，有的人却只能一件一件卖。请问谁赚钱更容易？

有的人用几年时间，开发一批老客户后，就再也不需要开发新客户了，天天坐等客户复购……

有的人则需要不断地开发新客户，因为都是一次性的生意，不开发就举步维艰。谁的生意会做得更轻松？

如果你的生意属于低单价、低复购或客户群体选择不当的情况，那么我建议你可以重新梳理和设计商业模式，重新定位客户人群、产品设计和盈利模式，从而让你的生意变得更加轻松且盈利。

有的生意一眼就能望到头,所以越干越没劲。

有的生意一眼望不到头,所以越干越有劲!

> **赵言慧语**
>
> 有时候,选择大于努力,选择决定了你的起点,也决定了你的终点。

聚焦核心,抵御诱惑

最近,我与许多学员交流,聆听了他们这几年大起大落的故事。

有的学员经历了从众人追捧到众人非议的转变,而有的学员则从底层逆袭,最终赢得了众人的敬仰。

在听完他们分享的成功与失败经验后,我发现了一个共性:那些公司越来越好的老板,基本上都是把自己所在行业领域的事情做到了极致,于是越来越得心应手,从而在行业内拥有了超强的核心竞争力。

相比之下,事业逐渐下滑的老板大多野心勃勃,追求多元化发展,试图涉足一些自己未曾接触过的领域。然而,由于各方面的实力未能跟上,最终整个事业大厦还是崩塌了。

其实,对于老板本人来说,做加法固然重要,但做减法更为关键。在公司的发展过程中,诱惑和机会无处不在。一旦公司稍有起色,就会有人前来诱惑你,给你描绘美好的蓝图,给你编织虚幻的梦想。很多老板往往难以抵挡这些诱惑，从而吃了大亏。

其实，很多老板都没有想明白，为什么别人会无缘无故地找你合作，并给出那么高的利益。我总结，无外乎以下3点原因。

一是想赚你的钱；

二是想通过你赚钱；

三是想拉你进来填坑。

世界上根本没有免费的午餐，每一个诱惑的背后都很有可能隐藏着一个"陷阱"，除非你自己真的需要某些资源整合，否则一定要三思而后行！

知道自己想要什么，自己能做好什么，并"聚焦"去做，这是非常重要的。无论是个人还是公司，能否做到"聚焦"——宽一米，深一万米，将决定你未来是否能持续发展。

我诚恳地分享给所有创业者：

世界上所有取得大成就的人都是从聚焦做好一件事情起家的。所以，不要企图让自己无所不能，也不要想赚所有的钱。聚焦把自己最有优势且最擅长的事情做到极致，做好一件事情，就足以让你获得财富了！

巴菲特说，变富其实并不难，难的是没有人愿意慢慢变富……

这个世界底层的真相其实很简单，只是很多人被外在的迷惑因素蒙蔽了双眼，忽略了万事万物都在按照自然规律系统运转的事实。

比如种庄稼需要春种秋收，一切都要按照自然规律来，慢慢来，不返工就是快。

当然，如果你非要揠苗助长，那样确实也能看到"成果"，只是庄稼会很快枯萎。

有的时候赚得太多不一定是好事，有的时候赚得不多也不一定是坏事。

所以，不管你做什么生意，或者你想赚什么钱，切记，都不能追求速成，因为人一旦想追求速成，就容易存侥幸心理！

很多老板创业做事业，也是总想一步登天……连竞品、尽调、对标、案例、调研报告都不知道是什么，便口口声声说我要做好事业……

老板是企业的最终决策者，也是金字塔的塔尖，更是企业的天花板。如果不学习，就无法做出正确的决策。

做大做强不是一句空话，老板也不是一个简单的称谓，更不是高高在上的权力象征。

要想让一切名副其实，你必须思路清晰、组建团队、制定机制、刻苦学习、踏实践行、监督宣导、培训考评、执行跟踪……

就像你想要成为你所在行业的亿万级老板一样，如果你连你所在行业里哪个人已经赚到1个亿，以及他是怎么赚到1个亿的方法都没有做过深入的分析研究，你又怎么会赚到呢？

自己不聚焦，即使给你找100个全世界最好的项目也没用，因为你根本抓不住！

不专注，无专家，只要专注于一件事情，哪怕每天只能进步1%，每日复盘精进，10年时间，你也能进化为行业的顶尖大师！

踏实认真做好一件事，每天持续反省和迭代，最后的结果就是世界奇迹——复利效应！

> **赵言慧语**
>
> 流水不争先，争的是滔滔不绝，所有无法持续盈利的项目，都不值得羡慕。

选择项目的 5 个问题

有朋友提出了这样一个问题：在当今社会，从事哪个行业能够赚到很多钱，获得丰厚的利润呢？

首先，我要明确地告诉你，能够确切地回答你"哪个行业最赚钱"这个问题的人，他们中的 99.9% 都是在欺骗你。因为在这个世界上，无论你选择从事什么类型的生意，总是有人能够从中赚取丰厚的利润，也会有人因此而亏损，这是一个普遍存在的现象。

然而，如果你坚持要问我，哪种生意最有可能赚钱，那么我只能告诉你："做你能够超越竞争对手的生意最赚钱！"如果你在某件事情上只能达到三四十分的水平，即使你选择进入一个非常赚钱的行业，比如有人一天能挣一千万，说明你的竞争对手会比你强很多，你进入这个行业也只能是等死。

就像很多人都说某个行业不行了，但在这个行业里依然有赚钱的公司存在。所以，与其每天浪费时间去研究某个行业是否有红利，倒不如先研究一下自己是否有能力待在这个行业。

如果一定要让我给出一个具体的答案，到底哪个行业能赚钱，那么我可以告诉你，我教过学员如何创业选项目，避免被割韭菜，并至少能增加 50% 的创业成功概率。这个方法就是，在选项目投资之前，先问自己以下 5 个问题：

1. 投资的金额大不大？

如果投资太多，风险太大，那就不要轻易尝试。

2. 收益是否丰厚？

如果做得很累，但赚得太少，那就不要轻易尝试！

3. 成功案例是否丰富？

如果成功案例太少，说明这个行业太难做，那就不要轻易尝试！

4. 是否可以批量复制？

如果无法复制，不能扩大规模，那就不要轻易尝试！

5. 自己操作的难度是否过大？

掂量一下自己的实力，如果对自己而言难度太大，那就不要轻易尝试！

以上 5 个问题，每个问题 20 分，如果综合打分在 80 分以下，那就不要轻易尝试；如果综合打分是 100 分，那就闭上眼睛去尝试！

赵言慧语

不要没有作过市场调研，就凭自己的感觉作决策！

第 3 章
模式篇：企业持续盈利的钥匙

在激烈的市场竞争中，企业要想实现持续盈利，必须拥有一套科学有效的经营模式。这套模式不仅是企业发展的基石，更是企业迈向成功的金钥匙。

战略定位

没有不赚钱的市场,只有不清晰的定位

战略定位是企业发展的第一步。一个清晰的市场定位,能够帮助企业快速找到目标客户群体,明确产品或服务的价值所在。在同质化竞争日益严重的今天,只有拥有独特的战略定位,才能在市场中脱颖而出,实现持续盈利。因此,请务必深入研究市场趋势、竞争对手以及客户需求并进行精准的战略定位!

进"窄门"寻差异化

公司定战略,一定要进"窄门"。

这个词虽然源自宗教用语,却意外地成为商业中我们对战略选择的一种深刻比喻。战略,恰如进入"窄门",这背后的原因何在?

1. 只有进"窄门",才能有差异化!

战略是"与众不同",与众不同,就是不走寻常之路,就是走一般人不走之路、走艰难曲折之路!

从人性的角度而言,人人都喜欢走大路、走直路、走好走之路,战略之所以要与众不同,核心在差异化,而大路、直路、好走之路,由于是人人都想进的"宽门",所以那是一个拥挤的世界!

在一个拥挤的世界里,是不会有"差异化"的,如此也就不会有好战略。

2. 只有进"窄门",才能远离大众化!

因为战略是进"窄门",所以战略永远要远离大众化,大众化就是同质化,同质化就是价格战,价格战就是企业群体"自杀"。

这也是西方管理学家所说的"红海"。

这也是商业管理学教授所说的"利润薄得像刀片"。

这也是某些商学院大师所说的,管理就是把干毛巾挤出一把水来!

我认为，真正的战略既不是做大也不是做强，而是做"小"。

这个做"小"的概念，是指拥有自己独特的市场，这个独特的市场，与整体市场相比是小的，但对具体的一家企业来说其实是很大的。

什么原因？因为这样的市场是"窄门"，一般人看不到也找不到，即便看到找到也进不来。

因为进"窄门"首先是在思想上进"窄门"，"虚胖"的思想是进不了"窄门"的。

有著名企业家曾说，中国不缺机会，缺的是把一件小事做好的企业。大机会的时代，要坚决杜绝机会主义！

3. 只有进"窄门"，才能走得远。

做企业做大难，做强难，做久更是难上加难；

老虎强大，但现在的老虎需要人保护才能生存；

恐龙强大，但我们只能在地壳中找到它的化石；

老鼠虽小，但生命力极为顽强，所以历经上亿年的变迁，它依然生生不息。

恐龙虽然强大，但它们的灭绝提醒我们，单纯的力量和规模并不能保证长久的生存。相比之下，老鼠虽小，却因其适应性强，选择了独特生存空间（"窄门"）而得以繁衍至今。

正是由于老鼠进"窄门"，所以远离了对手的"群杀"，你反而能够做得更长更久！

无战略不人生，无战略不经营。老板最重要的工作就是：做对战略，方向对了，努力才有效！

最后，借用并稍作改编鲁迅先生的话作为总结：

这世界上本来到处是路,正因为大家都往一条路上挤,这世界反而没有了路。

> **赵言慧语**
>
> 成大业者,都进窄门,走远路,见微光。

找准卖点,销量翻倍

中小企业想壮大,一定要找到属于自己的那个"山头",然后"占山为王"!

"找到山头",就是建立自己的根据地,有了自己的根据地,才能进可攻、退可守。也就是说,要明确自己在市场中的独特定位或细分领域,这是企业发展的基石。

"占山为王",就是做第一,即在自己定位的细分领域内做到最好,成为第一,这样可以获得更高的品牌知名度和更大的市场份额。

就算做不了行业第一,也要做细分品类第一;就算做不了细分品类第一,也要做区域市场第一。总之一句话,想在市场上杀出来,那就一定要先找到属于自己的那个"第一"!

因为只有做第一,才能让自己脱颖而出;

因为只有做第一,客户才更容易记住你!

那么,小企业如何才能在这个竞争激烈的市场中找到自己的"山头",并成功"占山为王"呢?

核心就是8个字：做小、做专、做精、做强。

无数中小微企业老板创业，之所以创业前期能快速发展起来，是因为起步做对了才能在市场上立足存活下来！

但是存活下来之后，会紧接着发现，公司遇到的问题更大了，发展了多年却依然无法突破"瓶颈"，无法做大做强……

其背后最核心原因就是：

你没有给客户一个清晰的"认知"，

你没有给客户一个找你的"理由"，

你说服客户的"关键点"不够明确！

拿我自己的公司创业营来举例，在中国做培训的老师各种门派都有，各有千秋，比如，成功学派、智慧派、模式派、思维派、服务派，都各有特色！

如果我的创业营一直在背后跟着他们"门派"走的话，我也能悄悄生存，但是，这也意味着我只能在他们的门派下生存，我的公司永远无法做大做强，我若要想做大做强，就必须自立一个门派，并且要去做区别于他们，有自己独特优势的事，所以，我们创立了一个"门派"，叫作"系统"派！

因为做企业不是一个点，也不是一条线，更不是一个面，而是一个系统的立体框架！一个企业要做大，一定是系统强大的结果！

哪怕你学得了再多的智慧、模式、思维、服务，它们其实也都只是一个点，一个帮助我们打造好企业这套完整系统的点而已！

"创业营"的卖点就是：

如果你是中小微企业老板，想学习系统化、接地气、可落地的找创业营，因为创业营只教你如何打造系统！

比如创业营的《业绩增长系统》课程，它在国内是唯一聚焦"系统"这个细分领域，并提供系统全面的课程内容，聚焦业绩增长的 3 大系统，9 大板块，27 个节点，54 个方法，108 个策略！

有很多学员冲着"系统"慕名而来，我们现场学员人数越来越多，都是这样来的。

这个就好比，很多小品牌前期小的时候一直跟风模仿大品牌，却从来不想着打造自己的品牌，没有自己的独特优势，就始终很难做大做强！就是因为客户感知到的"卖点"不够清晰！

所以，产品不好卖的背后，核心就是"卖点不够清晰"！要想产品狂销热卖，必须先找准自己和同行的差异化定位，并广而告之，为什么要找你，"关键点"是什么？

这个"关键点"就是你的"战略定位"！

在战略上取一舍九，

在策略上万剑归一，

在执行上力出一孔！

这是中小微企业弯道超车的捷径！

> **赵言慧语**
>
> 关于定位：与其更好，不如不同！要么唯一，要么第一！

企业失败的 5 大不聚焦

中小微企业的平均寿命仅为 2.5 年。从事企业管理培训的这 10 年里，我接触了各种类型的老板，并总结出他们失败的核心原因，主要是没有做到以下 5 个聚焦。

1. 不聚焦行业

一年入行，两年懂行，三年专家，五年权威，十年世界顶尖，身边凡是企业做得好的都是聚焦一个行业，十年如一日地精进，凡是多年下来未能获得好结果的都是听到 A 赚钱，就冲过去，中途听到 B 赚钱，又调整方向，杀进去，始终没有核心竞争力，一来二去，一无所获。

2. 不聚焦团队

很多老板总想着靠模式、代理和渠道来扩大企业规模，却从没有想过打造自己的铁军团队，忽视了打造自己的核心团队！

没有团队，再大的梦想都无法实现，没有一支全身心投入的团队，很难成就事业，老板想要成事，必须打造一支攻无不克、战无不胜的强大军团！

3. 不聚焦流量

在互联网时代，重资产不是小企业能玩的，走轻资产路线才能不陷入泥潭，无数企业倒在现金流的死局之中，未来相对安全的路线，是聚焦某一用户群体，大量囤积私域。

4. 不聚焦精力

人与人之间最公平的就是时间，老板必须把所有的精力聚焦在事业上，聚焦在优化自己公司的系统上，不要做无效社交，不要做与事业无关的任何事情，人若无名，专心练剑，关起门来，好好沉淀自己比什么都强！

5. 不聚焦能力

以上都很重要，但最重要的是，自己得行，不要把希望寄托在任何人身上，因为谁也没有你自己可靠，人才为什么跟你走？因为你行；客户为什么跟你走？因为你行。自己有硬实力、强能力是根本，这是现实的商业世界！

愿所有老板们都能"聚焦"事业，专心打造好公司核心三大系统——管理系统、流量系统和模式系统。建立起属于自己的商业王国！

赵言慧语

一生一事，一战到底，永争第一！

找到自己人生的道场

凡是能被别人轻易抄走的，都不是真正的内核！

凡是能被别人轻易抢走的，都不真正属于你！

内容或许可以抄袭，但实力与独特价值无法复制。真正的核心竞争力在于：做最好的自己，独一无二，放眼全球，仅此一家！

人一生之中最重要的一件事情是什么？是明确自己人生的方向！然而，可悲的是，很多人直到临终前都活得浑浑噩噩，没有明确的方向。

老板经营企业时，最重要的一件事情是什么？是明确公司未来的发展方向！但遗憾的是，很多老板在创业之初就糊里糊涂地上路，最终被企业束缚，一生都在疲惫地挣扎。

如果方向不明确，那么所有的努力和挣扎都将是徒劳无功。方向是什么？方向就是找到自己的"道"！

万术不如一道，万法不如一心！

道是方向，术是方法！

法是技巧，心是发心！

什么战略，什么方式，什么未来，什么技巧，最后都会归结于道和发心……

一个人一旦明确了自己的道，就会立刻产生大智慧，然后开始求道、行道，而不仅仅是追求金钱。金钱只是在求道、行道的过程中自然而然获得的结果。

那么，如何理解这个"道"呢？

拿我举例子，比如我从18岁就开始从事中小微企业管理培训，一热爱就是10年，并决定"为助力中小微企业发展而奋斗终生"，这就是我的"道"！

而这个十年如一日，愿意用一辈子做好一件事的背后，就是"道"给我的指引。

所以在我求道、行道的过程中，我持续保持认真、专注、用心、负责任，自然而然会得到身边更多客户的认可和支持，到这个时候我赚钱，就变成了顺带的事情。

那么"道"到底有多重要？

我不知道大家有没有看过《孙子兵法》，在我看来，整个兵法13章总结起来，其实就讲5个字，如果能贯彻领悟我说的这

5个字，或许就不用再读全文了。

一曰"道"：这里的道，就是规律；

二曰"天"：这里的天，就是趋势；

三曰"地"：这里的地，就是环境；

四曰"将"：这里的将，就是领导；

五曰"法"：这里的法，就是方法！

孙子说"五事"，即"道、天、地、将、法"，决定了战争的最终胜负。这"五事"也是我们战略管理的五大核心要素。

为什么"道"排在最前面呢？因为"道"就是规律，规律不以人的意志为转移，既不能创造，也无法消灭。天地的运转，也要根据规律进行。春夏秋冬、四季分明、春种夏长、秋收冬藏，这些都属于规律。要想做成一件事，必须先明其道！

《大学》开篇也讲了："物有本末，事有终始，知所先后，则近道矣。"

所以，凡事都不能违背规律和道义。

万事万物都有它的规律，这个规律就是道！

为什么我们常说"得道者多助，失道者寡助"？其实就是在告诉我们：

一个人只要不违背道德，不违背规律，就一定会得到别人的帮助！

一个人一旦失去了道德，违背了规律，就一定会被身边的人抛弃！

因此，一个人最重要的任务就是找到自己的"道"。一旦明确了"道"，一切都会来，智慧也来了，好运也来了，贵人也来了，方法也来了，财富也来了！

> **赵言慧语**
>
> 万术不如一道，万法不如一心！以心明道，以身行道！

老板目光太短视就是灾难

老板若只聚焦当下，公司全是问题，
老板若是聚焦未来，公司一片坦途！
亚马逊的创始人贝佐斯曾说：
如果你考虑的是公司今后1年做什么，马上就会想到很多竞争对手。
如果你考虑的是公司3年以后干什么，就会发现对手就少很多了。
如果你考虑的是公司5年、7年，甚至10年以后该做什么，要做成什么样，并以终为始地倒推，你就想不到谁是你的竞争对手。
如果你考虑的是公司20年甚至30年未来要做成的样子，你会发现，当你放眼全世界，你根本找不到几个对手……
创业营从成立的第一天起，我们给自己定的标准就是直接对标全国乃至全世界培训行业的最高标准。
当我们把自己的目光放长远来看，始终坚持以终为始来做公司战略布局规划的时候，我们就突然发现了很多……

我们神奇地发现，在同行业中，还是专心做好自己的事情最重要！

经营公司也是一样，把目光放长远一点，把事情做得细一点！

创业这条路上虽然说竞争很激烈，但如果你把目光放长远，你会发现真正打起仗来，大多对手可能不堪一击，因为坚持长期主义的老板真的并不多……

雷军曾在小米发布会时说："不要用战术上的勤奋，掩盖战略上的懒惰。"他强调的其实就是企业聚焦未来的重要性，企业赢在未来，不在当下！

如果你看不见未来，就会迷失在企业当下里。

当你迷失在企业当下里，你也就会失去未来。

只要太短视，就会带来长痛，短视的结果就是搬起石头砸了自己的脚……

企业今日所承受的痛苦，大多源于老板过去的短视；

而企业未来的痛，则一定来自老板今日的短视。

也许有人会说，不关注眼前，眼前就过不去，这一点我也感同身受，不过我想说的是：

如果你不关注未来，眼前就永远都过不去。

如果你看不到未来，你就永远只能生活在眼前！

经营企业不是百米冲刺，而是马拉松，先快不为快，后慢不为慢，慢慢来，会很快。

赵言慧语

世界会向那些有目标、有远见的人让路。

智慧老板都做减法

在我们的身边，我们会发现：

有的老板，什么事都想干，什么来钱快干什么，于是项目越做越多，成功率越来越低……

反而那些脚踏实地，看起来很笨，认认真真做一件事的老板都越做越好了……

有的老板，什么钱都想赚，什么能赚钱干什么，于是产品越做越多，品质服务越来越差……

反而那些专心聚焦，日日精进，不断打磨一个产品的老板都越来越赚钱了……

什么钱都想赚，其实最后就是什么钱也赚不到，因为你没有落脚点，也就是没有一个可以发力的核心点位，有了这个点位，所有的生意才能以点带面，慢慢越做越大！

最怕的就是现在你公司连一个核心点都没有找到，就老是想做好一个面，你说，这不是在做梦这是什么……

可惜，有时候很多老板心就是这么贪婪，自己悟到悟不到，老师教了也不做，什么钱都想赚，什么项目都想加入，于是就没有了侧重点，没有了专业度，导致什么事情都没做好……

真正智慧的老板，都在做减法，而不是天天想着要如何做加法。他们将自己的全部精力倾注于一件事情上，深信专注的力量。

曾有一位年轻人向巴菲特请教成功的秘诀，巴菲特让他列出此生所有想要达成的目标，年轻人列出了 20 个。随后，巴菲特引导他进一步筛选出最重要的 5 个目标。然而，这个筛选过程对年轻人来说异常艰难，他花了 10 年时间才最终确定。但巴菲特并未止步于此，他进一步要求年轻人将这 5 个目标缩减为 1 个目标。年轻人又花了 5 年，至此，他的人生已过去 15 年。

当年轻人以为巴菲特的意思是先实现这一个目标，再回头去做剩下的 19 个时，巴菲特却告诉他："不，你要彻底忘记那 19 个目标，全心全意地投入这唯一的目标。只有这样，你才能真正看到结果。"

许多老板之所以难以取得显著成果，正是因为他们的精力过于分散。三分投入，自然难以收获十分的回报。

智慧的老板则将所有的力量集中在少数关键事务上，深入钻研，直至取得突破。当其他所有杂务都被剔除，只留下这一件核心事务时，人会完全沉浸其中，进入一种心流状态，24 小时都在废寝忘食地思考、都在努力，这样的专注与执着，成功只是时间问题。

因此，我们可以看到，那些真正聪明的老板，并非一味地做加法，而是懂得适时地做减法。他们明白，只有聚焦才能产生真正的力量。

拿我自己来举例，我能做的事情和服务太多了，为什么不做？比如教大学生创业更成功。不是我不能做，而是这不是我的"核心点"，因为我的核心点在于帮助"中小微企业业绩增长"，我已经做了 10 年，而且我只在这个点上聚焦发力，所以才会有那么多同学不远千里来到我们课堂学习！

至于如何找这个点，只有两种方法：

1. 自己悟，别人是帮不了的！
2. 老师教，教了你得去践行！

过去 10 年，我专注于一件事——企业管理培训。我深知聚焦的重要性，并不断进行断舍离，只为将这一件事做到极致。而事实也证明我的选择是正确的，我的学员中，那些年营收超过 5 亿的创业者，无一不是将全部精力倾注于某一领域的佼佼者。

送给各位创业者：一定要聚焦、节制、断舍离，认准一个点，打造最小 MVP 模型、最小闭环！

看到这里，你不妨问问自己：现在的你，是选择做聪明的老板，还是做智慧的老板？

赵言慧语

看一个老板有没有通透，就看他是在做加法还是在做减法！

以终为始地做事业

晚上，我与一位 50 多岁的学员交谈辅导，她创业开公司已经近 20 年，但公司始终未能发展壮大。我好奇地问她创办公司的初衷以及未来希望将公司发展成什么样子。她坦言自己都不知道为何开始，以及尽管上过各种课程，但总觉得没抓住核心……

所以我就跟她说：

当你的"道"——战略方向明确的时候，你学的一切"术"都是为你的战略服务，当你战略方向不明确的时候，你学的一切方法和招数，能帮你短暂赚钱，但没有任何长远价值和意义。

当一个老板不知道自己为什么而做的时候，创业就只是赚点钱，养家糊口！

当一个老板知道自己要去哪里，为什么而做的时候，创业就是做事业，以终为始！

一个没有战略思维意识的老板，生意永远做不大，更做不长久！

这年头，创办一家企业容易，但是想要把一家企业做好，说实话，真的不是一件容易的事，而战略思维就是老板必备的能力之一。

一提起"战略"，似乎给人一种高大上的感觉，但又让人感觉虚无缥缈。那么，到底什么才是战略思维？

1. 战略思维就是未来观

只有站得高，才能看得远、看得广；只有站得高，心胸才开阔，格局才会大。未来观秉持的是长期主义，看重的是长远利益，从来不干一锤子的买卖。

2. 战略思维就是全局观

全局观就是看待问题要全面，不能以偏概全。不谋全局者不足以谋一域，只有放眼全局，才不会顾此失彼，才不会一叶障目，不见泰山。

一个没有战略思维的老板,就是目光短浅、急功近利之人,看重的只是眼前利益,就算赚到钱了,也不会把赚来的钱用来提升企业的核心竞争力。

没有战略思维的老板,由于缺乏长远目光,也就没有长远规划,总是走一步看一步,因此就无法预见问题并提前防范。

这样的老板想要把企业做大做长久,就一个字:难!

很多老板的当务之急是搞清楚"什么是当务之急"。他们常常忙于应对公司的各种事务,像陀螺一样被推着转,没有时间思考自己和公司到底想要取得什么样的结果(比如赚钱),以及未来要成为什么样的企业。

公司能赚钱的背后是"价值",即为别人提供了什么价值,为客户解决了什么问题。价值的背后则是"战略",这需要基于自己和公司的优劣势,找到想做、能做、可做之间的结合点。

战略的核心在于"选择"和"方向"。战略比战术重要,选择比能力重要,方向比努力重要。事实上,很多人从最初选择的那一刻起就已经决定了未来的走向。

因此,我给所有老板的建议是尽量设定一些"大目标",做一些大事,因为做大事和做小事所消耗的时间和精力可能相差无几,但结果却可能天差地别。

大成功的背后都有大目标;

大目标的背后都有大计划;

大计划的背后都有大隐忍。

项羽虽然常打胜仗,但最后因为输了一场大仗而失去了争夺天下的机会。他追求的是"当下胜利"的小目标,而刘邦虽然一路打败仗,但最后因为赢了一场大仗而获得了争夺天下的机会。他追求的是"三分天下"的大目标。

项羽是奔着"小目标"——当下胜利而去的,所以不用大计划,也无须大隐忍,身边的人才多少、军师在与不在都不重要,所以人才陆续流失,甚至直奔竞争对手而去。

刘邦是奔着"大目标"——争夺天下而去的,所以他有大计划,凡事都能隐忍,凡遇人才必是绝不放过,和各路诸侯都可以团结起来,分钱、分权、分名,为了最终胜利可以无限隐忍……

因此,做事业时,目标要大一点,格局要宽一点,方向要定一点,信心要足一点,执行要快一点,这样结果就会好一点。

赵言慧语

大成功的背后,一定是大格局、大目标、大胸怀、大计划。

战略是1,其他是0

战略问题永远比战术问题重要100倍。

很多时候你选择的大方向,决定了企业的生死。

选什么赛道,选什么样的规模,以及做什么样的市场,这都比做产品重要100倍,这都是战略问题!

怎么做大做强这是战术问题!

为什么很多大佬成功之后都会说自己"运气好"？其实很多时候只要找到风口，猪也能飞上天，这就是"运气"，最重要的永远是找到那个赛道！

在古代，你选择的起家地盘很重要；在现代，你选择的门店地址很重要。

很多时候你只有选择对了位置（行业/定位），什么资源、人脉等才会自动而来。

而当你选错了位置，就是没有资源、人脉，没有吸引力，最终再怎么努力地搞流量，也会变得本末倒置……

真正聪明的老板做生意，一定是懂得首先要寻找合适的平台，只要平台选对了，那么管理、资源、人脉，自然一切自动到位。

以前做生意的思维：先找平台，再找流量。

而现在做生意的思维：先找流量，再找平台。

战略明确之后，接下来执行战略的核心就在于你给自己设定什么"标准"。

你对自己的标准，决定了你能取得什么样的成就！真正能夺得冠军的选手，从一开始就为自己设定了冠军的标准，因此他们最终能够夺冠！

从创业营起步的那一刻起，我们就为自己设定了"建设世界级企培中心"的高标准。

这也是为什么许多上过课的学员评价创业营的服务、课程品质、教学内容与传统培训公司截然不同，甚至细致到一把凳子、一个展架、一个胸牌、一个笔记本都与众不同。

虽然我们的规模目前还不算大，但我们对自己的标准却非常高，始终向着世界级标准迈进。即使进程稍显缓慢，我们也坚信，只要方向正确，终会到达目的地。

> **赵言慧语**
>
> 战略比战术重要 100 倍。战略选对，事半功倍。

价值取胜
商业的本质就是价值交换

价值是商业活动的核心。只有为顾客提供有价值的产品或服务，才能实现真正的商业价值。因此，企业要在不断创新中提升产品或服务的质量和价值，以满足顾客的需求和期望。通过价值取胜，企业不仅能够赢得市场份额，更能够赢得顾客的信任和忠诚。

成功经营 10 字经

在中小微企业培训领域深耕这 10 年来,我通过自己在一线营销实战以及与学员交流后的经验,总结出了以下这 10 个关键字,它们对于企业的发展至关重要:

1. 名　在任何领域,包括创业,都要有一个正当的名义,即所谓的"师出有名"。例如,"替天行道"就是一种正当的名义,"打土豪,分田地"也是一种正当的名义。

名义必须正当,言辞才能顺理成章。那些虚假的名义、虚张声势的做法是没有用的。

2. 利　世界纷繁复杂,人们追求名利。对于顾客来说,你的公司是否强大并不重要,他们更关心的是你的强大能否为他们带来实际的利益。这才是他们选择你的根本原因。

3. 舍　战略的本质就是舍弃。无论是定位还是卖点,你不能什么都想要。只有细分和聚焦一个点,让人们能够记住你,这才是成功的关键。

4. 需　德鲁克曾经说过,企业的本质目的就是为社会解决问题。我将其进一步延伸:找到并满足某些消费者的特定需求。不要试图解决消费者的所有需求,也不要妄想解决所有消费者的需求。

5. 俗　这里的"俗"并不是指恶俗,而是指通俗易懂。简单、通俗、直接、易懂,因为我们都只是普通人。公司在宣传任何产品时,都应该避免使用晦涩难懂的专业术语。

俗，才能接地气；俗，才能记得住；

俗，才能传得广；俗，才能卖得好。

6. 信　无论是发布信息、建立信誉还是讲究信用，目的都是建立信任。

人如果没有信用，就无法立足；企业如果没有信用，就无法成功。公司打造品牌也是如此，一定要注重客户对你的信任。信任是一切商业活动的基础，这决定了你的生意能做多久！

7. 复　对抗人们遗忘的唯一方法就是不断重复。广告语不要频繁更换，一旦找准了就年复一年地重复。一些品牌就是通过不断重复来加深消费者的印象。

越重复，越熟悉；越熟悉，越容易卖出产品。当消费者不知道该买什么时，往往会购买他们熟悉的品牌。

8. 买　营销的核心就是"买卖"两个字。"买"即购买理由，为什么消费者会选择你而不是其他人？这个理由必须简单、直接、粗暴地表达出来。卖点讲得越清晰，成交率越高。

9. 卖　这里的"卖"可以理解为帮助你销售产品的所有渠道，包括业务员、经销商、分销商等所有参与销售的人员。为什么要帮你销售？核心在于"分配机制"，简单来说就是分钱。只有有钱赚，他们才愿意帮你销售，赚得越多，他们的驱动力越大。

10. 营　这里的"营"不是指营销的"营"，而是指经营的"营"。经营是比营销更高层次的问题，所有企业的成功归根结底都是经营的成功，是系统性成功的体现。

经营的目的是提高效益，而管理的目的是提高效率。

在任何时候，管理都不能凌驾于经营之上！任何夸大单一要素在企业成功中的价值的人，是真的不懂什么是经营。

记住，企业的成功一定是系统性的成功！

> **赵言慧语**
>
> 营销就是："营"造势能，实现"销"售。

好产品是业绩增长的核心

没有好产品，做增长就是"找死"。

如果一个产品不能让 80% 以上的客户满意，其客户数量增长越快，公司倒闭的速度越快！这样盲目的客户增长，不是让更多人知道产品如何好，而是让更多客户知道产品如何不好。

产品如果不行，不满的客户的声音就会盖过满意的客户的声音，导致产品失去市场。

公司业绩若是想增长，再厉害的增长高手都必须依赖于一个"好产品"。

推出一项产品或服务，如果不能让购买过产品的 80% 的客户满意，就不能说它是一个值得推广的优秀产品。

然而，即使有了好产品，增长的关键还取决于你如何对待那 10%~20% 不满的客户，如果这个问题得到有效解决，那么增长就具备了条件。

另外，一个已经进入衰退期的产品也不可能是一个好的产品，因为你无论如何努力，也不能阻止夕阳的下沉，这叫大势已去，在这种情况下还想努力地增长，基本上是天方夜谭，注定是要失败的。

从增长的角度说，虽然我们会有很多办法来提升顾客的满意度，比如嘘寒问暖，提升员工服务意识，改善服务态度等。

但是这些，相对企业的产品本身来说，那只是隔靴搔痒，无法从根本上撼动产品在客户心中的位置，客户花钱买的是好产品，是能解决问题的产品，而不是你的各种感动服务！

创业营发展到今天，不是靠我们多么认真的努力，更不是靠我们多么令客户感动的服务。这些都重要，但都不是我们的内核。我们的内核是：我们对客户需求的洞察和满足。我们发现了中小微企业老板在"业绩增长"上遇到的真正需求和痛点，基于客户的需求和痛点，我们推出了真正能帮助客户解决问题的好产品，所以才得到了客户和市场的青睐，才有了今天的发展！

没有站在客户和市场的角度去研发产品，就等同于自嗨，自我感觉良好，但客户根本不买单！

好产品，永远是一家企业增长的核心！

没有一款能让客户满意的好产品，企业的增长就是无源之水，注定无法长久。

如果老板不专注于做出好产品，不了解客户需求，而只想着增长，那么从哪里起来就会从哪里倒下；飞得越高，摔得越惨。

一个产品若缺乏顾客价值，那么无论投入多少资金进行推广，或是增加多少流量，都无法扭转其最终失败的命运。这与张小龙的观点不谋而合，他认为："如果一款产品没有获得自然增长，我们就不应该推广它。"

那么，什么是自然增长呢？

自然增长就是顾客在购买一次后，会持续复购，并且不仅自己购买，还会介绍他人来购买。这种增长模式体现了产品对顾客的吸引力和忠诚度，其购买的力量完全来自顾客自身，而非企业的推广。

想一想，顾客为什么会复购，为什么还会介绍他人来购买，是不是代表了该产品的价值赢得了顾客的认可？如果没有对产品价值的认可，顾客还会持续复购吗？顾客还会介绍他人来购买吗？答案显然是否定的。

因此，当一款产品获得了自然增长，就证明该产品的价值已经得到了顾客的认可。这时，该产品的市场推广就具备了前提条件，推广会加速销售的增长，扩大市场占比。而当产品未能获得自然增长时，营销推广会加速产品的衰亡，因为推广会让顾客更快地认识到产品的不足与缺陷，从而导致更多人拒绝购买。

没有价值的产品，不值得购买！

没有复购的产品，没有顾客转介绍的产品，同样不值得推广！

任何成功的企业，都得先有一个能为客户创造价值的好产品，然后才有成功的推广。

就像我们的《业绩增长系统》课程之所以会有越来越多学员参加，不可能是靠我们强买强卖、强硬推销而来，而是真的有客户需要，产品能满足市场需求，真正能帮助客户解决问题，所以，才会有越来越多客户选择我们！

创造价值在前，传递价值在后！

> **赵言慧语**
>
> 好产品是企业发展的核心，东西好的时候，怎么卖其实没那么重要；东西不好的时候，怎么卖其实也没那么重要。

不卖产品卖需求

无论你现在的生意有多小，只要你能敏锐地发现行业的痛点和客户的真实需求，并且拥有切实有效的解决方法，那么在最近3年内，你很有可能从一个默默无闻的小老板，转变为所在领域内人人瞩目的大老板。

有些学员向我提问，他们明明已经发现了客户的需求，也提出了解决办法，但缺乏资金和团队去实施，即便尝试整合外部资源，也往往遭遇拒绝，这是为什么呢？原因可能有两点。

1. 你发现的痛点还不够痛，没有触及客户或行业的核心需求。

2. 你的解决方案可能还不够完善或具有说服力，无法让人一眼看出其优势和效果。

如果你能够真正洞察到客户和行业所需的痛点，并且你的解决方案确实能够高效地解决这些问题，那么资金、团队、渠道等问题将不再是阻碍。要坚信，客户比你更渴望那些能真正解决他们痛点的"好产品"。

在中国，人口众多，客户基数庞大、需求多样且市场广阔，产品卖不好的唯一原因，往往是定位不清晰或解决痛点的方法不够出色！

做生意永远要记住：不卖产品，卖用户需求。用户需求，才是一切商业活动的根基。

用户需求主要有3点：痛点、痒点、爽点。

1. 痛点

所谓痛点，顾名思义就是用户害怕恐惧的点，比如，怕老、怕死、怕穷、怕孤独、怕没希望，这是痛点……

怕上火，是痛点；

困了累了怕没精神，也是痛点；

简单来说，痛点就是你的产品给用户解决什么实际的问题。因此，精准识别并解决用户的痛点，是产品成功的关键。

2. 痒点

所谓痒点，就是给用户挠痒痒，是在痛点基础上的增值服务，以满足人们对美好生活的向往，比如：

同样的产品，你的颜值更好；

同样的产品，你的品牌有更好的溢价；

同样的产品，你能满足用户的面子；

同样的产品，你在卖一种生活方式。

痒点，则更多地触及用户的情感层面，通过提供超越基本需求的增值服务，增强用户的愉悦感和归属感。

3. 爽点

所谓爽点，就是即时性的爽感和快感。比如，你在直播间买产品，三秒抢一元秒杀，你抢到了很开心，这是爽点。

我拿"微信"来举例完整说下痛点、痒点、爽点。

痛点：孤独感，微信通过实时聊天、通话、视频等功能有效缓解了用户的孤独感，满足了沟通需求。

痒点：欲望，朋友圈功能满足人们的围观、凑热闹等欲望。

爽点：即时快感，比如你发了朋友圈收到很多点赞，突然在群里抢到一个大红包，瞬间你觉得很爽……

总结如下：

痛点是产品营销的基石，它决定了产品的基本价值和市场需求。痛点缺失，一切价值都不存在。

痒点则丰富了产品的附属价值，提升了用户体验。痒点缺失，产品的附属价值变少，会影响用户感受。

爽点则为用户带来即时的愉悦感，增强了产品的吸引力。爽点缺失，用户少了眼前一亮的快感，但总体价值尚在。

所以，如果能够精准抓住用户的痛点，挠好用户的痒点，满足用户的爽点，则产品成功的关键点已齐备，它就是一款绝对能畅销的产品。

赵言慧语

痛点就是找问题，痒点就是抓梦想，爽点就是要痛快。痛点、痒点、爽点都是不错的产品销售切入点。

商业的本质是卖

商业的核心和本质，从根本上来说，其实可以归结为一个核心概念——"销售"，也就是"卖东西"。在我们所处的商业世界中，存在着以下两种主要的商业模式。

1. 销售自己的产品（即卖自己的东西）：这种模式通常涉及企业自行研发、生产和销售独有的产品或服务。这种模式要求企业具备强大的研发能力和生产能力，以确保产品或服务的独特性和竞争力。

2. 销售他人的产品（即卖别人的东西）：这种模式通常涉及代理、分销或电商平台，企业作为中间商，帮助其他品牌或生产商推广和销售产品。这种模式要求企业具备强大的市场推广能力和渠道管理能力，以确保产品的销售效率和市场覆盖率。

企业只有两个主要功能，或者说承载着两大核心功能。

1. 创造价值：这不仅是产品或服务的创新，更是对市场需求深刻理解后的满足。这种价值创造是企业生命力的源泉，我们通常称之为"创新"。创新不仅是技术上的突破，更是对市场需求的敏锐洞察和满足。

2. 告知价值：即将企业所创造的价值有效传达给目标消费者，引导他们认识并接受这种价值。这一过程涵盖了品牌宣传、市场营销、广告推广等多个方面，我们称之为"营销"。营销的目的是让目标消费者了解并认可企业所创造的价值，从而激发他们的购买欲望。

无论身处哪个行业，企业若想赚钱，最终都需要通过"销售/卖东西"这一环节实现，不同之处仅在于销售的产品或服务的性质与形态。企业盈利的前提，在于它能为他人"提供价值"。许多创业者常常忽略"赚钱"与"提供价值"其实是相辅相成的，两者可以视为等价的。

当你所做之事为他人带来了实实在在的价值，他人自然愿意从所获得的价值中，分出一部分作为回报给你，这样你就赚到了钱！如果你在一件毫不利他的事情上搞到了钱，那不是赚钱，而是骗钱，是做不长远的。在帮助世界变得更美好、让他人感到开心的同时，自己赚到了钱，自己也变得更好。还有什么比这更美妙的事情呢？

这就是商业的底层逻辑。也正因如此，经济学家常说，优秀的商业实践实际上是在进行最大的慈善——它通过创造价值、满足需求，为社会带来了福祉。商业不仅是赚钱的手段，更是推动社会进步和改善人们生活的重要力量。通过商业活动，企业不仅能够实现自身的盈利和发展，还能够为社会创造更多的价值和福祉。

> **赵言慧语**
>
> 世界上只有两种商业模式：卖自己的东西，帮别人卖东西。

以客户为中心

什么是以客户为中心？

真正的以客户为中心，不是以客户的"钱"为中心，而是以客户的需求为中心！

以客户的钱为中心，往往是公司营销中的一种短视行为。越看重客户的钱，往往越难以赚到钱，因为钱只是表象，钱如何而来才是真相。

钱是果，事是因。只有真正为客户创造价值，让客户满意，我们才能自然地获得回报。

然而，很多人总以为"以客户为中心"就是以客户的"钱"为中心，这种理解是大错特错的。

实际上，我们应该以客户的需求为中心。只有满足了客户的需求，客户才会愿意用金钱来回报我们。

"钱"是满足客户的需求之后自然形成的结果，眼睛只盯着客户的口袋，会让客户觉得我们公司唯利是图。相反，如果我们时刻把客户的需求放在心上，客户就会感受到我们的真诚和专业，从而建立起对我们的信任。这样，我们就更容易获得客户的订单！

虽然在"钱"的问题上，两种思维方法的最终导向是相同的，但是对于客户的认知结果却有本质不同。

盯着客户的口袋，本质是利益导向，是企业立场，是以营销人员为中心的自我立场。

盯着客户的需求，则是需求导向，是真正的客户立场，是以客户为中心。

这就像客户面对两个陌生人，一个是对你真好，一个是对你假好……

客户是能够感受得出来的，相信谁也不愿意和对自己假好的人建立合作关系，因为你不知道什么时候，他就会做出损害你利益的行为。

以客户为中心，不但是经营理念，而且是方法论，只有在正确的理念与方法论指导之下，你的努力和付出，才会获得正确的回报。

很多公司销售人员之所以业绩不好，不是因为不努力，而是因为一直盯着客户口袋里的钱，从不盯着我怎么能帮助客户！

发心出问题，结果就会出问题。因此，我们应该时刻提醒自己，以客户为中心，从客户的需求出发，才能真正赢得客户的信任和忠诚。

> **赵言慧语**
>
> 赚钱不是满足你的利益和需求，而是满足你目标客户的利益和需求，不要把先后顺序搞错了。

提升竞争力

赢在品质，胜在竞争

在市场竞争中，品质是企业的生命线。只有拥有高品质的产品或服务，企业才能赢得顾客的认可和信任。因此，企业要在品质上下足功夫，不断提升产品或服务的质量和性能；同时，企业还要加强自身的竞争力建设，通过创新、研发等方式不断提升自身的核心竞争力。只有这样，企业才能在市场竞争中立于不败之地。

| 第 3 章　模式篇：企业持续盈利的钥匙 |

业绩"瓶颈"的破局之策

昨天，一个同学向我咨询，他的公司业绩从 5000 万下滑到了 3000 万左右，净利润率也在不断下降，按照现有的人员架构，工资发放已经变得困难。他问我如何突破业绩"瓶颈"，找到解决问题之道。

我询问他，公司的销售运营是否由他亲自负责，还是交由他人管理。他告诉我，销售部有一个总监全权负责线上线下的销售，总监的薪酬与销售额挂钩。

我指出，这就是问题的关键所在。

如果想要解决问题，只有一条路可走，那就是他亲自回到业务一线，研究当前市场上的新策略和新方法。他听到这个建议后有些吃惊。

他提到，网上的专家和教授们常常建议老板要多用人，少干事。但我告诉他，这可能是他听了太多的"毒鸡汤"。那些给出这种建议的老师，很可能自己忙得不可开交，却没有告诉他真相。

如果一个业务周期，老板不亲自参与业务的 0～1 阶段，仅仅依靠一个总监便可高枕无忧，那么这很可能是因为业务当前处于红利期。换句话说，这不是因为负责人有多出色，而是因为运气好、产品好、时代好。换句话说，即使换一个人来做，也可能不会有太大的问题。

有红利期的时候，这样暂时不会有什么问题，但是，一旦红利期消失，业绩一定会断崖式下滑。

149

因为市场环境已经改变,而团队的能力却没有跟上。提升能力需要时间,一旦出现这种情况,想要重新赶上来将非常困难。

我们可以利用红利期赚钱,但作为老板,我们的创新能力不能停止迭代,否则,未来某天我们可能会被市场淘汰出局。

那么,什么人可以当老板呢?就是那些能够从0到1,实现无中生有的人。而什么人适合做总监呢?就是那些能够从1到10,实现锦上添花的人。

因为独当一面的总监真的极度稀缺,可以说是万里挑一。一般的总监,能够理解老板的意图,执行不打折,就已经非常不错了。而要找到那些能够独当一面、有创新能力,心力、脑力、体力都同时在线,还能执行彻底、对行业有创新能力的总监,至少需要他们在行业内有7~10年的经验,并且要在你的公司待上3~5年,否则他们无法充分了解你的客户,也无法与你形成足够的默契。

所以,如果你的总监没有达到上述水平,那么老板就要亲自上阵。不要纠结,先干起来,然后再慢慢教他。

另外,老板是有生意逻辑的,不是要你做所有的事,而是要你创新从0到1。因为只有老板更容易抓住事物的本质,而不是陷入各种繁杂的事务中。

我身边所有年营收在亿级以上的学员,他们的老板都是超级业务高手,无一例外。包括我自己也是,虽然我不用天天去公司,但我会和团队保持高频沟通,思考工作策略。我也会非常敏感地关注我们行业和当下新事物的学习吸收,并第一时间同步给团队。这样既能确保他们理解我的想法,也能确保他们工作的方向不会跑偏。

因此，我给他的建议就一条：如果你想让业务快速恢复，让公司再次跨上新的高峰，那么就要丢掉所有幻想，立刻回到一线，亲自带领所有高层团队，恶补业务能力。这是你们公司翻身的唯一出路。

如果你的情况和他类似，那么这条建议也同样适用。

> **赵言慧语**
>
> 企业执行的命脉在于带动，无论是一线还是二线，都在前线。

创业 12 金规

老板必须懂得的创业 12 大规则：

1. 任何项目，即使再赚钱，如果不熟悉，就坚决不做，这是创业的前提和铁律。

2. 顺势而为，紧跟趋势和周期。创业时，绝对不要逆势而行，避免进入夕阳行业或落后产业。即使从事传统行业，也要融入"互联网+"模式，以顺应时代潮流。

3. 务必先进行小规模试点，从 0 到 1 的探索阶段至关重要。通过低成本的、大量的试点和试错来积累经验，避免一开始就大规模投入资金和资源，导致全面扩张产生风险。

4. 创业初期，团队应精简高效，一定坚持"精兵简政"原则，宁缺毋滥。十几年前，我国处于人口红利阶段，人力成本很低，市场需求很大，多招人就约等于"多做业绩多赚钱"；现在，人力成本很高，五险一金的支出就要消耗公司很多"现金"，招聘应更加注重质量和效率，避免不必要的成本支出。很多创业者已经开始变成"一人创业公司"，其他人员都采用灵活用工方式，比如找外包、实习生、兼职、临时工等。

5. 大部分创业项目应追求低投入高回报。一定要少投入，投入越少，压力也就越小，成功概率也就越大。投入少的创业，即使失败了，亏损金额也不影响创业者个人和家庭的正常生活，而且可以快速重启创业之路！

6. 对于长期亏损的创业项目，应果断放弃。普通创业者难以承受持续的亏损压力，因为持续亏损往往意味着方向错误或市场不适应。

7. 若项目变现困难或无稳定收入，创业者应迅速止损并停止运营，不要再内耗了。在不利的市场环境下，及时停止投入和减少损失是明智之举。

8. 一旦察觉到市场或行业存在重大风险，应立即调整策略或退出市场，换个圈子。不要固守一隅，在一棵树上吊死，应灵活应对，寻找新的机遇。

9. 不断学习新知识，适应市场变化。创业者应具备持续学习的能力，以应对快速变化的市场环境。

10. 创业需要有耐心和恒心。不要急于求成，否则会越急越乱，因为急躁往往会导致决策失误，要在稳扎稳打的基础上，作好每一步的精心准备。

11. 大多数时候，我们创业者都是在挣小钱或者挣扎在盈亏线边缘，保证自己的现金流不断，能够活下来，我们就成功了，不要时时刻刻想着挣大钱！先稳定下来，再谋求增长；先学会走路，再学会跑步。

12. 坚守自己的赚钱模式和底线。不要分心去做多元化业务或盲目折腾，而应专注于自己的核心竞争力和优势领域。

> **赵言慧语**
>
> 任何事业的成功，都一定建立在不断地试验和探索的基础上。

中小微企业老板常犯的 8 大错误

中小微企业老板，最易犯的 8 大错误。

1. 把工作的重心放在公司的内部，而不是公司外部。众所周知，公司内部主要关注的是成本，而公司的成果和利润来源于外部的市场。

公司的所有利润都来自外部市场，来自"客户"，用户价值是公司唯一且正确的收入来源，一切机制、方法、策略都应该围着外部"客户"转！

2. 专注于解决问题，而不是寻找机会。公司业绩连续增长的实现，靠的是抓住机会和利用机会的能力，而不只是解决问题。

寻找机会是选择做对的事情，解决问题是把事情做正确。

在这一点上，方向、选择都大于努力！老板不要把更多的时间放在"救火"上，而要放在寻找对的方向和对的机会上。

3. 把有限的资源分配给"烂尾"项目，而不是机会项目，造成仅有的资源再次浪费，其本质是做错了事情。中小公司资源本就有限，若再将资源分配给错误的"烂尾"项目，无疑会进一步加剧资源的浪费，导致难以实现理想中的投入产出比。

4. 未能发现公司的核心价值，并在此基础上发力。一个公司的核心价值是公司的核心竞争力，也是公司客户的核心利益所在，不明确公司的核心价值或核心竞争力，就如同不了解顾客为何选择我们的产品一样，这将极大地阻碍产品的销售和提升。

5. 安于现状，错失发展机会，老板不思进取，自然发现市场机会的概率就低，更别说将资源匹配给机会，抓住机会，赢得发展。

6. 迷恋过去，缺乏创新，一成不变，迟早会被市场淘汰，所以老板有一个很重要的工作就是如何改变过去，比过去做得更好，不能闭门造车。

当一个人沉迷于过去的成功经验时，他可能会变得保守，缺乏创新动力，这容易导致企业陷入停滞甚至衰退的境地。

7. 公司 80% 的努力，创造出了 20% 的成果，而不是 20% 的努力，创造出 80% 的成果。

公司没有将最优秀的资源、人力、物力、财力分配给最优秀和最有潜力的人员、项目、产品或者市场，会导致事倍功半，而不是事半功倍。

8. 禁不住诱惑，稍微有点盈利，有点资源，就把资源投入错误的项目或市场，美其名曰多元化经营，鸡蛋不要放在一个篮子里。最后连最擅长的项目都没有用心做好。

坦白地说，即使我们全心全意地投入去做一件事，也未必能成功，更何况态度是半心半意、半信半疑，行动半推半就？

想要成功简直就是痴人说梦。

上面我所说的这些，是中小企业老板最容易犯的错误，它们80%都是老板的错误，因为老板是企业最终的决策者，决策错了，一切就都错了。

老板之所以会犯错，其本质原因在于自己学习不够，商业认知不足。今天的成果是过去的认知产生的结果，今天的错误也是过去认知不足的体现。

从这个角度来看，作为老板，如果能保持持续学习，与时俱进，不断提升自己的商业认知，避免决策失误，就已经是对公司最大的贡献了。

所以，不是你想不想学、愿不愿学，而是你若是真想让自己公司未来更好，你都应该认真学习！

犯错的成本不高，而错过的成本很高！老板若是能认真学习，不盲目决策，避免犯错误，持续做正确的事情，就是在推动公司持续发展！

> **赵言慧语**
>
> 想要加快成功的速度，必须加快试错的速度！

中小企业的生存智慧

当前中小企业生存智慧：

1. 要务实，不要只谈情怀和远大的理想，能够抢到饭吃，活下来才是硬道理。

2. 不要妄想用低成本招到高人，庙太小，很难招到什么大神，碰运气重金招到的有可能是别人看不上的"大神"，好不好用还是另一回事。

3. 不要天天喊口号，老板必须带头冲锋，冲在一线挥刀，员工才会主动紧随其后。

4. 不要画大饼，员工心里跟明镜似的，多想办法帮助员工提升收入，比啥都强。

5. 别贪大求全，小公司本来就资源有限、人才有限、能力有限，一定要懂得聚焦。

6. 销售第一，管理第二，没有利润，没有业绩，公司就可以关门喝西北风了。

7. 不要总盯着员工的缺点，员工开车的技术笨一点，也比车都无法上路强，先有人，先上路，路上的问题路上解决。

8. 做产品交付先完成，再完美，你以为的非常完美可能只是你以为，实际上客户的需求又是另一回事。

9. 不要以为那些大公司很厉害，再大的巨无霸都会有弱点，找到他们的软肋猛打，你一样可以在夹缝中生存。

10. 一定要多学习，思维认知要打开，因为你永远赚不到自己认知以外的钱。

11. 多做事，少说话，把自己90%的精力扑在工作上，每天只研究如何让公司发展。

12. 做好以上11点，藏起来秘密蓄力，随时做好不鸣则已、一鸣惊人的起飞准备。

中小企业发展的3个阶段及其策略如下。

1. 从 0 到 1，小规模阶段："重利润，求生存"。在此阶段，企业应在不违背道德和法律的前提下，专注于盈利与生存。鼓励团队创新思维，不拘一格；让团队八仙过海、各显神通，力求在激烈的市场竞争中站稳脚跟。

2. 从 1 到 10，中规模阶段："重管理，促发展"。随着企业规模的扩大，需要搭建并持续优化自身的管理系统，实现各项事务的系统化、标准化、流程化。这有助于企业良性发展，提高效率，促进业绩的持续增长。让员工在明确的规则下自动自发地工作，是这一阶段的关键。

3. 从 10 到 100，大规模阶段："重整合，构生态"。当企业达到较大规模时，应着眼于整合上下游资源及相关产业，形成多元化的业务布局。通过持续优化流程和系统，打造一个利益共享、人人获利的平台，进而形成一个健康的生态圈。

需要警惕的是：

明明在第 1 阶段，天天去研究第 3 阶段的事；

明明团队才十几个人，天天去研究企业文化；

明明从 0 到 1 的小规模阶段都还没有打磨到极致，天天去研究如何打造一个平台；

不怕你日拱一卒，踏实做事，就怕你眼光太过"超前"，脱离现实。

记住，"万丈高楼平地起，一砖一瓦皆根基"。只有脚踏实地，打好坚实的基础，企业才能稳健前行。不要急于求成，因为"慢就是快，快就是慢"——稳健的步伐往往能带来更长远的成功。做好当下，就是对未来最大的负责。

> **赵言慧语**
>
> 小企业想要快速发展壮大的核心之道在于脚踏实地、务实聚焦。

中小企业优化调整的 8 个方向

结合我从业这 10 年的经验，给大家分享一下中小企业未来的发展方向，大家可以依据以下 8 个评判标准进行调整和优化。

1. 把公司做"小"，精细化运营

战略应聚焦于核心竞争力，如同针尖般精准，"船小好掉头"，把公司做到"小而美"。即便企业已有一定规模，也应考虑将其划分为多个灵活的小团队或业务单元，以便快速响应市场变化，实现"小而美"的运营模式。

2. 把市场做"大"，市场拓展

不应将未来寄托于少数客户，而应广泛拓展获客渠道，构建多元化的"流量系统"，无论是线上还是线下，都应全面铺开，以扩大市场份额。

3. 把员工做"精"，优化人力资源

重视并重用有能力的人才，对于低效或无效的员工进行适当调整。同时，加强员工培训和激励，培养具有斗志和团队精神的员工。建立完善的"管理系统"，激发员工的自主性和创造力。

4. 把产品做"优"，追求卓越产品

应追求产品极致的品质和独特的价值，确保产品在市场上无可替代；避免追求广泛的吸引力，而应专注于满足特定客户群体的深度需求。

5. 把服务做"好"，提升服务质量

服务是企业的高价值产品，应注重每位客户的价值和体验，通过优质服务感动客户，建立长期稳定的客户关系。

6. 把效率做"高"，提高运营效率

优化业务流程，明确业务关键节点，确保执行力的高效。同时，注重效率和效果的双重提升，以实现企业的快速响应和高效运作。

7. 把成本做"实"， 成本控制

应实施真实的成本控制，避免浪费。不要搞一些虚假的门面功夫，应把钱花在刀刃上，不要花在刀把上，实现低成本运作！将资金投入能够产生最大效益的领域，实现低成本高效益的运营。

8. 把团队做"强"， 强化团队建设

团队是万丈高楼的基石，团队是企业发展的基石。团队强则企业强，避免内耗，内部赛马，通过内部竞争和选拔机制，培养优秀接班人独当一面，确保企业能够持续发展。

赵言慧语

不要把"生意"干成了"生产"！

小微企业发展的 14 个建议

给小微企业老板们的一些建议，句句真心话。

1. 小微企业初期应专注于生存和务实发展，一定要务实，不要谈什么情怀，更别谈什么远大的理想，能够抢到饭吃活下来才是硬道理。

2. 小微企业千万别整一大堆规章制度，规矩越多，死得就越快，一定要少立规矩，多立目标，多定奖励。请记住，效率第一，结果第一。

3. 在企业规模很小的时候，不要奢望能够招到什么高人。庙太小，你也招不到"大神"，找个踏实能干的人比什么都重要。

4. 小微企业不要动不动就喊什么口号，什么用都没有。要想让员工自动自发地工作，老板必须带头冲锋，他们才会紧随其后。

5. 有机会一定要出去多学习，小微企业要想活下去，少走弯路就是最快的捷径，不要学太大的老师，最适合自己的老师最关键！一开始就学得很大很泛，解决不了问题。

6. 不要总是画大饼和开一些空头支票，要让员工看到实实在在的好处，多分一点钱，这样才能提高他们的积极性和主动性。

7. 别总是学习那些花样百出的套路，套路很重要，但是别忘了，客户口碑才是最好的营销手段。

8. 别贪大求全，一定要懂得聚焦。在一个细分领域或一个局部市场先做到最强，把整个流程模式跑顺之后，再逐渐扩大，稳步发展。

9. 项目成功了，是大家的功劳；项目失败了，是我自己的错。如果老板没有这个意识，是没有办法基业长青的。

10. 小微企业要销售第一，管理第二。老板一定要多花精力在一些直接影响实际收益或者产出的事情上面，这很重要！

11. 永远要保持危机意识，准备一笔资金，以应对一些意外状况的发生。

12. 一定要关注行业的发展和同行的变化，不但可以预判风险，还可以及时掉转方向和把握住一些机会。

13. 别总想着培养出一个优秀的员工，大部分小微企业的老板没有那个时间和精力，自身的能力和格局也不够。

14. 要提拔几个有能力的人，把他们发展成你的合作伙伴，这样你才有更多的时间和精力去发展其他的项目。

赵言慧语

小公司想做大非常简单，老板天天研究小事就行。

第 4 章

流量篇：企业迈向成功的桥梁

流量是企业迈向成功的关键桥梁，没有流量就没有销售，没有客户，没有市场，也就没有企业的发展和壮大，因此我们必须重视公域流量的获取与私域转化，从而实现企业快速发展。

公域获客

公域平台发传单搞流量，快准狠

公域平台是获取流量的重要途径。通过利用这些平台发布信息、推广产品或服务，可以快速吸引潜在客户并提升品牌知名度。在公域获客过程中，要注重信息的精准性和传播速度，以确保客户能够迅速了解并关注你的产品或服务。同时，要利用数据分析工具对投放效果进行监测和优化，以提高投放效率和转化率。

创业赚钱的双翼：流量与变现

赚钱就一句话：

满足市场需求，把它拆解一下，变为两个核心环节：

1. 做出好的产品。
2. 卖给更多客户。

做产品，是变现；卖用户，是流量。

一家中小微企业想要在竞争激烈的市场中求发展，核心策略无非两点：要么做好产品，要么做好流量。

如果你的产品足够优秀，自然会吸引众多经销商主动寻求合作，帮你拓宽销售渠道；同时，对产品满意的消费者也会自发为产品做口碑宣传，给你带来更多的新客户。

如果你的流量策略执行得极为出色，你就有可能成为网红，吸引大量广告主主动寻求合作，投放广告；同时，会有众多商家主动上门，希望借助你的影响力来推广他们的产品。

无论是专注于产品质量的提升，还是致力于流量的获取与转化，只要你能在其中一方面做到极致，就能实现盈利。当然，如果你能两者兼顾并做到最好，那就是左手屠龙刀右手倚天剑，如同拥有了无敌的"双剑合璧"，在市场中将无往不利，乃至可以横着走。最怕的就是，产品不行且流量也不行，那样就只能被动挨打，难以立足。

有的人选择在街边开设小店，这时，租金实际上是在为获取流量买单，店铺及其提供的产品则是将流量变现的手段。

如果你是做培训的，你就有了产品，有了变现能力。这个时候，你也需要解决流量问题。怎么解决？如果不想花钱，就按照平台规则，提供平台需要的内容，平台也会给你需要的流量，一点点积累。如果你想花钱，那流量就会来得很快，但能不能接住，转化效率如何，这个因素就很多了。可能你的产品不错，但流量不精准所以转化不好。可能流量精准但你的产品没有竞争力所以转化不好。可能你的产品根本就是伪需求，你的流量也不精准，所以根本没转化。

很多自媒体、网红本质要解决的不是流量的问题，而是自己没有变现能力。很多网红总觉得只要吸粉，就能有广告费，其实想简单了。广告商也不想白烧钱，如果你的粉丝不够精准，粉丝没有黏性，我为什么要在你这里打广告，为什么不找平台筛选精准的用户打广告？即使流量很多，变现能力太弱也无法成事。

一个生意什么时候会做不下去？就是流量乘以变现能力太弱，没有转化的时候。

2000年前后，腾讯有两三亿用户，但是没有钱，因为没有人投广告。很多媒体说腾讯是捧着金饭碗要饭。本质上，就是腾讯有流量，但这个流量能不能变现，谁也没把握。腾讯分析了用户，发现以小孩和年轻人为主，怎么变现？卖皮肤，卖游戏，这些产品当时很多人觉得很离谱，但它就是符合腾讯当时的用户需求，能变现。

阿里呢？本质就是解决商家变现的问题。你们不管有什么产品，来我这儿卖，都好卖，都能赚到钱。所以，阿里不缺产品，整个阿里的场景就是成交。但是，阿里缺少流量。怎么办？买一切带流量的东西给自己导流，从而解决流量问题。

所以，市场有两个极端。

一个是纯卖产品，我的产品天下第一，所有人帮我抢着卖，只要我出新产品，所有渠道商所有流量都兴奋地帮我宣传帮我卖，我的线下店入驻，所有商场都要请我，给我钱我才入驻，凭什么？因为我的产品牛，因为我的变现能力太强了，变现效率太高了，所以，所有流量都喜欢我。

一个是纯做流量，我垄断了所有流量，所有产品我都可以卖，所有广告我都可以打。只要在我的地盘，就是有人，就是有无穷无尽的流量，比如腾讯、今日头条等知名媒体公司。凭什么？因为我就是能帮你链接到无穷多的潜在客户，所以我可以分一大杯羹。从这个角度，你也就知道为什么明星赚钱了，因为明星自带流量，明星有粉丝，所以明星和媒体公司本质是一样的，如果明星的调性和产品的调性类似或一致，就更受产品公司的热捧了。

如果你要创业或做生意，流量和变现这两个核心问题，你都必须去解决，但你要想明白自己先解决哪个问题，自己的核心竞争力到底是哪一个。你先解决的，你有信心的，别人认为你牛的，就是你的核心竞争力，而另一个，你可以选择和别人合作，依靠别人的力量帮你解决。

只有这两个问题都解决到 60 分以上，你的生意才可能生存下来。如果你的核心部分是 95 分，另一个 80 分以上，你的生意一定很有竞争力！

多数人为什么失败？

要么是其中一个得分太低，根本就没有生存下来。比如，你开了个火锅店，你的东西不错，但是地点选得太差了，根本没人来，所以你失败了。

要么是两个得分都很一般，生存了一段时间，就被市场上其他竞争者打死了。比如，你的火锅店味道还可以，地点也还可以，一开始能生存，但后来有人看你赚钱了，也来模仿你，在旁边开了两家，味道也不比你家差，你的人气立刻就被分流了三分之二，你开始不赚钱了。

所以，从你开始创业做生意，你就要思考两个问题：

1. 我怎么同时解决流量和变现两个问题？
2. 其中的哪一个，我可以做到95分、100分，甚至200分？

> **赵言慧语**
>
> 流量就是人，人是一切商业的本质：搞定流量，搞定变现！

客户画像是成交的基础

"客户就是上帝"这句话，虽常被提及，却也可能误导人。基于我10年培训与销售的经验，我坦诚地告诉你：并非所有客户都应被视为上帝。真相在于以下3点。

1. 我们应专注于为有价值的客户提供同样有价值的服务。委曲求全并不等同于提供真正的价值服务。

2. 客户往往不会为其言语行为负责，他们只关注并愿意为最终达成的结果买单。

3. 切勿为了单纯追求成交而降低自己的价值标准或丧失原则。商业的本质在于等价交换，基于双方自愿的原则，价值决定价格，而价格则决定了你的目标客户群体。

遗憾的是，许多企业家常犯的一个重大错误是：他们拥有如"宾利"般高品质的产品，却不去深入研究为何目标客户不选择购买，反而整天忧虑那些本就无法负担"宾利"的客户在想什么。这种思维，无疑是偏离了正确的方向。

请切记，不要试图讨好所有人。做产品应当像榴梿一样，让热爱它的人爱不释手，让不喜欢它的人自然远离。

切勿追求成为那种人人喜欢却无人愿意真正为之买单的"万人迷"。

想做大生意，却连最基础的客户画像都不清楚，还天天想着成交大客户！

找客户，不要追求数量，而要讲究画像精准！

不然，你就如盲人摸象，看似哪里都是客户，却哪里也没有客户。

客户画像越精准，越容易抓转化，这就要求我们在找客户阶段，围绕具体的客户，挖掘更多的客户信息及关系，而不是盲目追求客户数量，导致多而不精！

看似简单的道理，很多人整不明白，搞不清楚，总想上来就大干快上，恨不得批量客户自动上门，殊不知，没有行业积累，没有市场耕耘，没有销售获客，这一切犹如痴人说梦，白忙活！

反之，聪明的做法是从客户画像开始琢磨客户，选择目标客户，若没有客户画像，就小步快跑，快速验证，以建立关系为主，验证产品、服务及行业方案，有序推进，逐步找到市场感觉。

鉴于以上，我给中小微企业老板的建议是：

1. 要想找好大客户，就要先搞定客户画像，越清晰的画像，越有利于拓展客户。

2. 退一万步讲，如果没有客户画像，你就得采用假设、方案、验证、确认及迭代的逻辑，用小周期、快循环的方式，逐步找目标客户画像，实现从 0 到 1 的突破。

3. 要想高效获客，就要主动出击，精准锁定，而不是盲目干，多走出办公室，走出会议室，走向客户，走进团队，融入场景，这才是找到客户、转化客户的关键。

> **赵言慧语**
>
> 在客户画像不清楚的时候不要谈找客户。

获取流量的源泉

生意的核心在于流量，而流量的源泉是高质量的内容。内容的本质在于它所提供的价值，而价值的真谛在于利他——即为用户创造实际的好处。利他的实现，归根结底，在于用心——真诚地理解并满足用户需求。

开实体店需要客流，做网络生意需要电话流、信息流，若是没有流量，就没人上门，没人联系你，那生意自然做不好。在一些自媒体平台上不也是这样的游戏规则吗？你写的文章，平台若不给你流量，那就很少有人读到，没人看到你的文章，你的辛苦努力就白费了，酒香也怕巷子深。

近年来很多老板都感慨钱越来越难赚了，为什么呢？一方面，市场竞争日益激烈，产品过剩，人工成本上升，价格战愈演愈烈，加之网络信息的透明化，使得利润空间不断被压缩；另一方面，流量被各大平台高度集中，中小企业获取客流量的成本显著增加。

生意的发展轨迹，已从单纯的产品竞争，过渡到渠道为王，再到如今的流量为王。

在这一转变过程中，传统企业面临着前所未有的挑战，难以适应这个时代。

他们有厂房、设备、工人、机器，但是积压了一堆库存产品卖不出去。他们有门店、陈列柜、员工、导购、货品，但是缺少客流量。相反，许多互联网公司虽然啥也没有，但是他们有用户资源，这是最厉害的地方。

比如美团，它没有餐厅、厨房、厨师，它也不做菜，但它可以看作中国最大的餐饮企业，它解决了很多人的吃饭问题。

再比如滴滴，它没有出租车、司机，它也不买车，但它解决了很多人的出行问题。

再比如携程，它没有酒店，自己也不经营，但却解决了很多旅行在外的人的住宿问题。

传统企业往往过于关注产品和服务的优化，却忽略了用户获取和留存的重要性；互联网公司则深刻认识到，在流量为王的时代，唯有深刻理解并满足用户需求，才能在激烈的市场竞争中立于不败之地。

所以，赛道变了，现在是流量为王的时代，如何搞到流量？

从现在开始认认真真研究你的用户需要什么，怎么用心为用户提供价值！

赵言慧语

没有价值的内容吸引来的只能是没有价值的客户。

敢于适当承诺

在与客户成交的环节中，一个至关重要的挑战是如何建立信任。为了赢得客户的信任，合理的承诺往往不可或缺。

在商业领域，客户也倾向于选择那些敢于承诺并能兑现承诺的企业。

在华为草莽创业初期，在面对客户时，华为文化中很少"No"，从来都是"Yes！Yes！Yes 到底！"业务员出去跑业务都先说"Yes"！

不管客户说什么，不管能不能做到，华为的业务员都会先说"Yes"！因为只有先答应才会有一点点机会，先承诺才会有继续沟通下去的希望！

凡是行业领导者说"No"的地方，华为的业务员都会承诺"Yes"！并买一个产品送一个现场服务人员，终身维护！

无数个"Yes"过后，市场一线传导给研发、交付、供应链、服务体系的常常是一大堆"不可能实现的合同"，甚至有的产品，华为自己都还没有，但是已经答应了客户，没有办法只能硬着头皮赶紧完善,赶紧研发;这种情况虽然造成了部分客户的抱怨和投诉,但在更多情形下,倒逼出了华为无数的奇迹!

服务客户其实也是一样,想要成交,就一定要敢于承诺,因为客户在没有接到你的承诺之前是没有安全感的!

这里的承诺不是让你空口胡乱承诺,而是承诺完之后,一定要全力以赴地让自己做得更好,这才是成功的核心!

比如,创业营给所有学员的承诺是听课一天,不满意可以随时申请全额退款,我们真正把所有风险都放在自己身上,而不是客户那里,这样就会倒逼我们不断持续学习精进自己的实力!

不给客户承诺意味着对产品没自信!

对产品没自信意味着没有严格要求!

没有严格要求意味着没有全力以赴!

没有全力以赴自然就没有好的结果!

> **赵言慧语**
>
> 承诺是走向成功的必经之路,老板要学会用公众承诺的力量倒逼自己的企业成功!

短视频持续爆火与变现的关键

为什么你发布了大量的短视频内容,却始终无法在社交媒体上引起广泛关注和热烈讨论呢？

为什么你的视频虽然一度爆火，却始终无法转化为实际的经济效益呢？

为什么你付出了巨大的努力，却仍然无法实现短视频内容的爆火呢？

其实，这一切背后都指向了一个核心问题：你还没有完全掌握正确运营短视频工具的底层逻辑！

那么，短视频的底层逻辑究竟是什么呢？简单来说，一个成功的短视频背后，隐藏着一系列精心策划和巧妙运营的步骤。运营的核心在于创作引人入胜的文案，这些文案的力量则源于结构严谨的编排。为了构建这样的结构，你需要依赖于丰富多样的素材，这些累积的素材最终成就了精彩纷呈的内容。内容的灵魂，则深深植根于独特的人设之中，最终，人设的塑造将导向明确的盈利模型。

让我通过一个具体的实例来进一步说明这个问题。许多企业主在打造个人IP时，急于构建短视频矩阵，他们不惜花费重金购置高端拍摄设备，组建专业团队，购买多个账号，试图通过复制多个矩阵账号来实现全网覆盖。他们不断更换所谓的"牛人"操盘手，希望能够迅速获得成功。然而，结果往往是不尽如人意，甚至血本无归。这究竟是为什么呢？原因就在于他们忽略了构建短视频矩阵的底层逻辑。

构建短视频矩阵的底层逻辑其实可以归结为三个字——"素材库"。具体来说，一个完善的素材库应该包括以下几个方面：

1. 起号素材库：这个素材库包含了那些曾经引爆话题的素材，这些素材可以用于快速启动新账号，迅速吸引观众的注意力。

2. 常规素材库：这个素材库涵盖了针对目标人群的痛点、专业知识以及相关话题的素材，这些素材能够保持内容的持续吸引力，让观众持续关注。

3. 人设素材库：这个素材库记录了 IP 的个人经历、故事等，通过这些素材可以强化人物形象和个性，让观众对 IP 产生情感上的认同和共鸣。

4. 营销素材库：这个素材库聚焦于产品介绍、营销策略及业务推广，通过这些素材可以有效地促进变现，实现盈利目标。

5. 其他素材库：除上述几个主要素材库之外，还应该有一个包含各种辅助素材的库，比如背景音乐、特效素材等，这些都能为视频内容增色不少。

如果素材库不完善，任何矩阵策略都将难以奏效，谁做矩阵谁死。如果你对此仍有怀疑，不妨尝试走一遍我曾经走过的弯路，一试便知。相信在经历之后，你会有更深的体会和更深刻的理解。

赵言慧语

矩阵不是从 0 到 1 创造成功的行为，而是复制成功的行为。

打造创始人 IP 的核心

光芒是从哪里来的？

光芒是从裂痕中照进来的。

想象一下，如果一个人完美无缺，如同包裹得严严实实的鸡蛋，那他就无法"光芒万丈"，因为光芒需要通过那些独特的"裂痕"来显现。

在打造个人 IP 的过程中，这个道理同样适用：有裂痕，才有光芒的闪耀；没有裂痕，光芒便无从谈起。每个人身上的独特裂痕，正是其个性与魅力的源泉，我们称之为"人格魅力"。

做 IP 的本质，在于吸引并影响那些与我们志同道合的人群，而非一味地讨好所有人。

很多人之所以在打造 IP 上难以突破，核心原因往往在于害怕自己不够完美。但实际上，这种担忧完全是多余的。

记住，你只管发光，对的人自然会被你吸引而来。你只管坚定地走自己的路，那些与你同行的人，自然会在旅途中相遇。

这是所有想要成功打造个人 IP 的人必须深刻理解的核心。我自己也是在摸索了两年后，才彻底领悟到这个道理的。如果这条路不通，那么短视频中的 IP 之路就无法真正起步。

在短视频领域树立 IP 人设时，情绪、八卦、故事等元素往往比单纯的"干货"或"专业知识"重要得多。

用户观看短视频的初衷，并非总是为了学习专业知识，他们更可能是在寻找共鸣、娱乐或情感上的满足。

因此，那些只会枯燥地讲解干货、炫耀专业的创作者，往往还没有真正理解短视频的核心所在。

作为中小企业老板,如何在市场上脱颖而出并成功打造自己的创始人IP?

简单来说,你需要做到以下几点:

1. 告诉别人你是谁?(首先,要清晰地告诉别人你是谁,你的背景、故事以及你的企业愿景)

2. 你能给别人带来什么价值?(明确你能为客户、合作伙伴或社会带来什么独特的价值,这是你吸引他人关注并建立信任的关键)

在打造创始人IP的过程中,你需要坚持做好3件事。

1. 坚持打造一个形象

坚持打造一个鲜明、有辨识度的个人形象,让人们能够轻松地将你与你的品牌联系起来。

2. 坚持输出一个口号

坚持输出一个简洁有力的口号或理念,这将成为你品牌的灵魂,帮助人们快速理解你的品牌价值。

3. 坚持深耕一个领域

选择并坚持深耕一个你热爱的领域,成为该领域的专家或意见领袖,这将大大提升你的专业形象和影响力。

接下来,可以以我为例,思考我每天都在做些什么事情,以及我为什么这样做。通过这样的案例分析,就可以更好地理解如何在实际操作中应用上述原则。

通俗地说,打造"创始人IP"就是利用各种宣传渠道,不断提升自己的知名度和影响力,通过将你个人与你的产品或服务紧密挂钩,并通过持续的曝光和积累,最终使你的名字和形象成为你公司品牌的代名词。

因此，我坚信：

每个老板都有潜力成为一个 IP 品牌！

只要方法得当，每个老板都能够成功打造自己的 IP 品牌！

> **赵言慧语**
>
> IP 的打造是一场修行。自己变得更好的同时，影响更多人变得更好，这是你建立的 IP 的真正价值。

感性时代的真相

在现实生活中，有高达 99% 的人可能并不会积极主动地去探寻所有的真相，他们往往更愿意关注那些与他们现有的观念或情感相契合的所谓"真相"。这种现象揭示了一个事实，那就是在我们的日常生活中，感性思维往往占据了主导地位，而不是完全依赖于理性的分析。

举个例子来说：

当亲人和陌生人发生冲突时，你可能会不假思索地选择支持亲人。

在这种情况下，你是否曾经意识到自己的判断往往是基于对事实了解不充分的情况下做出的呢？我们常常在没有完全了解事情的真相之前，就根据第一印象、情感倾向或社会偏见来迅速做出选择，而不是冷静地分析整个事件的全貌。

这就是感性思维胜过理性分析的典型例子。

在短视频和网红文化中,这种现象同样十分明显。似乎一旦你能够塑造出一个弱势群体的形象,就更容易获得大众的同情和支持。这是因为人们天然倾向于同情弱者,这是一种普遍的感性反应。

谋生本身并不是一件丢人的事情,赚钱也并不是一件可耻的事情。在商业活动中,正当的营销手段我们都能接受,但关键在于,一切必须光明磊落,做人做事要堂堂正正!我们不应该利用人们的同情心,通过摆拍虚假视频,打着帮助他人的幌子,售卖劣质产品,以此牟取不义之财。这种行为是对善良人性的亵渎,绝对不可取。

商业的本质,在于为社会创造价值,为客户带来实实在在的利益。我们应当将"创造价值"作为行动的出发点和落脚点,不断提升自己"创造价值"的能力。

在创业的征途中,诱惑与障碍并存。我衷心希望,从创业营走出的每一位学员,在面对每一个抉择和判断时,都能坚守合法、合规的底线,秉持道德善良的原则。

让我们以"利他为念,利己为果"为座右铭,追求长期主义的自我价值实现。

在此,我想与大家共勉一句关于"商业道德"的话:

"商业技巧,或许能让你飞得更高;但商业道德,才是决定你能飞多远的关键。"

> **赵言慧语**
>
> 人们不想知道真相,只想知道自己的真相。

私域转化

私域平台做内容搞变现，要细慢稳

　　私域平台是转化流量的重要阵地。通过在这些平台上发布有价值的内容吸引潜在客户并促进销售转化。在这个过程中要注重内容的品质和深度以建立客户信任并提升客户黏性。同时，要制定科学的营销策略和激励机制以激发客户的购买欲望，提高其忠诚度。通过私域转化可以稳定地提升销售额并实现可持续发展。

通过"晒"快速打造 IP

打造个人 IP 的核心价值就是"晒"。

可能很多人都不懂这句话的意思，IP 价值也就意味着个人价值，这句话通俗一点来讲，就是通过在朋友圈晒自己的一切来实现自我价值翻倍，那么我们要想改头换面，应该怎么通过"晒"来进行自我改变呢？

1. 晒人设

晒人设顾名思义就是让别人知道你是一个怎样的人，这样别人才会开始了解你，这个时候你应该晒出你真实的性格，比如是一个敢想敢拼的人，又或者是一个心直口快的人，总之就是怎么真实怎么来，这样别人才能更好地了解你，做好了人设这一步，那么你的自我价值也就有所提升了。

2. 晒生活

经常在朋友圈晒一下自己的生活圈，比如喜欢的一些花花草草，热爱的运动，喜欢打的球，因为多晒一些生活照会让别人觉得你特别有生活气息，也能够看到你对生活有着一种积极向上的态度。

3. 晒专业

成功的第三步就是在朋友圈晒专业，你属于什么专业，你可以提供给大家怎样的服务，别人可以从你所提供的服务里获得怎样的回报，这是促成你最终成功打造个人 IP 比较重要的环节。上班的时候有态度，下班的时候回归生活和烟火气，这会让人觉得你是一个非常有态度的人，而且是一个非常有品位的人。

4. 晒价值

首先你可以晒一下自己的专业价值，或许可以给别人提供一些帮助，让别人彻底地相信你这个人，其次还可以为别人带来一些情绪价值，比如别人不开心了，可以在闲暇时间给别人开导一下，这样会让别人觉得你确实是一个适合交朋友的人，那么未来所带给你的东西会非常多。

5. 晒好评

一个人的品性好与坏不是自己说的，而是通过别人的口中说出来的，比如你可以把工作中领导客户夸奖你的行为晒到朋友圈，这样会给别人留下一种你专业素养过硬，人品还不错的印象，而且这种好人缘的积攒会让你变得更好，甚至还有可能会给你带来其他合作机会，获得更多的回报。

6. 晒审美

如果你不会拍照，可以在闲暇之余花点时间去学习拍照，你可以用你的摄影技术来发掘出生活当中的美，这样能够让别人发现你拥有艺术细胞，同时可以用较为高级感的图片来吸引别人的眼球，总而言之，会拍照在别人眼中很加分。

7. 晒背书

生活中你不是一个懒惰的人，闲暇之余会抽空读书，在读完一本书以后还能写下一些感言；你可以晒晒团队获得了怎样的成绩，这能让人看到你对一件事是有多么的上心和执着。

晒个人不是为了虚假宣传自己，只是把自己的个人价值提升一下，毕竟给别人留下一个好印象，未来或许会有更多的发展空间与选择，走自己的路的同时，千万不要把其他路给堵死！

> **赵言慧语**
>
> 个人 IP 的成功，就是个人影响力建立的成功。

私域营销的秘诀——故事

时至今日，如果仍不重视利用朋友圈构建私域并打造赚钱项目，那么我认为，这样的老板都是和业绩增长过不去。

为什么有的公司每天发两条动态就能业绩爆棚，有的公司每天吭哧吭哧地努力发个 10 条、8 条，不管是发产品，还是晒好评、晒反馈，业绩却依然停滞不前？

原因就在于，后者没有通过讲故事来吸引用户关注，没有调动客户的情绪，只是在单纯推销产品和卖专业！

私域想做长久的生意、赚钱的生意，营销时就一定要会讲故事！

那么，具体应该讲述哪种类型的故事呢？

1. 个人故事

你的朋友圈，一定要多去讲你自己的故事，你是谁，做什么的，能帮别人解决什么问题。

不然用户都不知道你是谁，不了解你，不信任你，又怎么会给你掏钱呢？

比如，可以去分享你创业的故事，你和家人、孩子之间的温馨故事，你取得了什么样的成绩，又或者是今天见了谁，你们之间交流了什么，你又从中得到了什么收获或启发。

2. 产品故事

比如，你是因为什么样的机缘接触到你现在卖的产品，这个产品帮你解决了什么问题，给你带来了什么收获和改变。这要比你硬生生地去发产品，发硬广，至少要强百倍千倍！

比如，某个学员说她当初开瑜伽馆，不是只为教别人练瑜伽，而是真正地想要去帮助更多的人减脂塑形拥有好身材，练出一字肩、马甲线，让更多的产后妈妈、女性朋友更加自信、美丽！

3. 客户故事

很多学员刚来找我学习时都会说："老师我不知道怎么讲客户故事，因为也不知道客户的具体故事……"

其实讲客户故事不是去讲客户本身，而是通过你和客户之间发生的种种故事，来让其他客户更有代入感，让他们在不同的客户故事中，看到自己问题的影子，从而找你解决他的问题。

最后，我强烈建议你尝试上述三点并立即将它们应用到你的朋友圈营销中。我相信，这一定会为你的业绩带来积极的改变。

> **赵言慧语**
>
> 把私域做成连续剧。真正做得好的私域高手，朋友圈的故事会让人欲罢不能。

中小企业私域运营 9 大精髓

在深入研究了国内几家顶尖的私域公司,并结合自己长达 10 年的私域运营经验后,我总结出了一些关于中小企业如何有效进行私域运营的建议。以下是我认为至关重要的 9 点。

1. 在私域运营中,切忌盲目地群发信息或逼迫客户下单。每一次与客户互动的机会都十分宝贵,应当珍惜。请不要把客户当作无知的人,要尊重他们的判断和选择。

2. 对于小公司而言,建议坚持使用个人微信进行运营。在公司年营收未达到 10 亿之前,不建议使用企业微信。企业微信虽然在运营效率上有优势,但个人微信的核心在于"社交关系",而企业微信的核心在于"运营效率"。企业微信的目的是协助维护微信生态,而不是替代个人微信。

3. 在发朋友圈时,不要限制自己的频率。如果你一天都没有发过 10 条以上的朋友圈,那么请不要说自己是在做私域运营,因为你还没有真正理解朋友圈的价值。朋友圈不仅是展示商品的平台,更是建立信任的重要场所。

4. 在私域运营中,要注重吸引客户,而不是打扰他们。主动提供有价值的内容,吸引客户主动上门,而不是一味地推销产品。

5. 私域运营的核心在于高质量的内容。高质量内容的背后是"价值"的传递,内容质量是私域运营的根基。

6. 私域运营的阵地绝不是用完即弃的关系,相反,它应该是长期关系的培养和持续不断地建立信任。

7. 在私域运营中，要努力打造一个有温度的个人IP形象。要敢于展示自己的优点和缺点，表达真实的情绪和个性，让客户感受到你是一个真实存在的人。

8. 在私域运营中，首要任务不是急于收钱，首先，是建立人设；其次，避免被客户删除；再次，建立情感链接；复次，建立标准体系；最后，考虑如何合理地收取费用。

9. 对于小公司来说，必须搭建一个完善的流量系统，实现标准化运营。从获取流量、转化流量到留存流量，每一个环节都要细化到每一个节点和每一句话术，确保运营的高效和精准。

以上9点建议，希望能够帮助中小企业在私域运营中找到适合自己的路径，实现更好的发展。

赵言慧语

> 当代商业的尽头是流量，流量的尽头是私域，私域的尽头是复购。

把私域用户当作好朋友

在私域运营的领域中，会做与不会做的区别是显而易见的。通过一个简单的标准，我们就能清晰地看出两者之间的差距。那些懂得私域运营的人，会把客户当作朋友一样对待，他们专注于通过吸引而非强制推销的方式，用真诚和魅力去赢得客户的喜爱与信赖。这样的做法会让客户心甘情愿地追随他们，成为忠实的支持者。

相反，那些不懂得私域运营的人，往往将客户视为待宰的羔羊，把客户当作傻子。他们采用强硬甚至骚扰的方式，试图迫使客户购买产品或服务，结果只会招致客户的反感和厌恶。这种做法不仅无法与客户建立长期的合作关系，反而会破坏品牌形象，导致客户流失。

私域运营的底层逻辑在于你对待客户的态度。你是仅仅把客户当作交易的对象，还是真心将他们当作自己的朋友？你怎么对待客户，客户心里其实一清二楚。他们可能出于礼貌或不愿撕破脸面，才没有直接指出你在成交、沟通、服务中的不足，然而，他们心里明白你的服务有多糟糕，有多不尽如人意。

因此，许多人在做客户服务、培育成交客户时，不仅自己显得愚钝，还错误地将客户也视为愚钝。殊不知，这样的行为才是最不明智的。你一天天群发信息让客户交钱，连一个小学生都能看出来你的意图。客户的真实心声：你但凡稍微在我（客户）身上下点功夫，也不至于如此失败。

一天天的，明明想赚到客户的钱，却一点心思也不愿意花，一点也不用心、不走心！其实没有客户不希望遇到好的产品、好的服务、好的老师，因为客户的钱无论花在哪里都要花。只是你的不用心和敷衍了事，实在是让客户没有一点安全感！这才是你成交率低下的核心原因！

> **赵言慧语**
>
> 你走不走心，你的客户很清楚。

打造高效朋友圈销售 20 个策略

关于朋友圈销售,我总结的策略如下:

1. 信任是基础,它能让你的朋友圈内容即使频繁更新也有人关注。

2. 信任源自持续提供有价值的内容。你每天发布的朋友圈,都是你的真实想法和感受,分享收获、案例、故事以及生活点滴,因此大家对你有了更深的了解。

3. 有了信任,就能提升对广告的容忍度。即使内容较长,很多人也愿意花时间阅读,甚至将你的朋友圈视为日常消遣或重要信息来源,特别标注以便快速查找。

4. 好的朋友圈内容无法预知具体的反馈,就像姜太公钓鱼,需耐心等待并测试不同的策略,因此要多尝试、多调整。

5. 朋友圈需要不断测试,这意味着你要积极发布内容,多策划、多思考卖点,以吸引更多关注。

6. 朋友圈能击中不同人的兴趣点,这种效果难以预测,但通过不断尝试,你会发现它就像一个无声的订阅营销工具,在国外可能是邮件营销,而在国内是朋友圈。

7. 朋友圈文案不必提前很久准备,灵感往往来自瞬间,想到就发。当然,可以建立灵感清单,保存在置顶备忘录中以便随时查阅。

8. 图片要吸引人,这里说的"好看"并非专指人物,而是指图片要有趣、有可读性且真实,能够引起观者共鸣。

9. 朋友圈广告图应美观、明确且路径简洁,卖点要逐一清晰呈现，每条朋友圈专注一个卖点。

10. 对话、群聊和转账截图具有极强的真实性，能够激发人们的好奇心，促使他们阅读完整内容。

11. 朋友圈置顶内容应简明扼要地介绍自己，让新朋友快速了解你的身份和特色。

12. 除非你有持续提供有价值素材的能力，否则不建议只发广告，以免损害信任。

13. 朋友圈刷屏并不可怕，可怕的是发布无价值的硬广，这会导致粉丝流失。

14. 用价值积累信任，当你有足够的信任基础时，可以通过集中发布广告来"收割"成果，但也要注意适度，避免过度消耗信任。

15. 朋友圈文案少用纯粹的自我描述，可以尝试以对话的形式呈现，增加互动性，让你的朋友感受到你是在与他们交流。

16. 朋友圈的叙事方式可以多样化，可以是连续剧式的连载故事，也可以是系列标签的形式，连续剧式的叙事更能增强真实感。

17. 解决朋友圈折叠问题的方法并非只有手打，虽然手打可以避免被系统折叠，但更重要的是提高内容质量，吸引用户主动展开查看。

18. 每条朋友圈都应设置互动点，无论是点赞还是私信，都能促进销售转化。记住，直接扫码成交的难度较大，非标行业尤其如此。

19. 非标行业更应充分利用朋友圈等媒介形态，结合公众号、图片文字、视频号等多种方式，在潜移默化中建立用户信任。

20. 朋友圈文案需要用心创作，如果合伙人和老板不擅长此道，可以考虑聘请专业人士或团队来负责，以确保私域营销的效果。

> **赵言慧语**
>
> 朋友圈是你的"门面"，门面打造好了，客户才愿意上门。

私域销售六字箴言

在私域销售领域，有六字箴言值得铭记："只吸引，不骚扰。"这六个字深刻地揭示了私域销售的核心理念，即通过吸引而非骚扰的方式，与客户建立长久的关系。

在销售过程中，最愚蠢的行为莫过于逼单，这种做法只会让客户感到压力和不适，最终导致他们选择离开。同样，最不明智之举则是群发广告，这种做法不仅无法引起客户的兴趣，反而会让他们感到厌烦，甚至会以删除率回应你。

你给客户多少压迫感，客户就会以多少删除率回应你！这是一个简单的道理，但在实际操作中却常常被忽视。

真正的猎人，总是以猎物的姿态潜伏，私域运营亦是如此。从引流开始，就要精心布局，将"心锚"深植于客户心中，静待时机成熟。"心锚"为何物？它是他们对拥有的渴望与对失去的恐惧，是让他们乐意为之买单的东西。谁能先一步触动客户的心，谁就能赢得客户的忠诚。

私域的核心，始终在于"卖人际关系"——即建立深厚的人与人之间的连接。在非标的市场中，应采用非标的手法。若顾客想直观看货，直播间是更好的选择；若追求极致性价比，闲鱼和拼多多或许更合适。不要在他人的赛道上盲目竞争，私域运营如同烹饪一道融合菜，需独具匠心，方能满足客户的独特需求，彰显自己的稀缺价值。

永远铭记，只需重视一件事，就是你有没有满足用户的情绪价值。情绪价值是私域运营的关键，但情绪价值并非无原则地迎合，更非卑微地讨好。真正的情绪价值，是让客户在不经意间感受到你的关怀与理解，而非刻意为之的"投喂"。

最后，切记，前端引流与后端维护同样重要，不要只顾其一，不顾其二。即便流量如潮，也难以转化为长久的客户。只有在前端引流和后端维护上都下足功夫，才能真正实现私域运营的成功。

赵言慧语

私域的顶级套路就是让客户主动想和你交个朋友。

构建完善流量系统的4大体系

中小微企业在发展的过程中，面临的最大挑战之一就是建立一个完善的"流量系统"。很多时候，这些企业都是依靠"个人能力和直觉"来进行客户获取、市场营销和销售活动，导致所有的成交都带有一定的偶然性。从表面上看，这些企业似乎缺乏客户资源，但实际上，更深层次的问题在于他们缺乏一个完善的系统。

因此，中小微企业要想实现可持续发展，必须致力于构建和完善公司的流量系统。具体来说，可以从以下几个方面入手。

1. 建立系统的培训体系

销售人员的成长离不开系统的培训。缺乏系统的培训，销售人员可能会遇到客户积累却无法有效转化成交的困境，或者新人成长缓慢，不知道如何开展工作，进而影响整体人才梯队的建设。因此，企业需要建立一套完善的培训体系，确保销售人员能够不断提升自己的专业技能和销售能力。

2. 建立系统的获客体系

许多企业要么缺乏明确的获客体系，要么即使有也难以有效推行。问题的根源在于"打法不明确"。因此，企业必须建立一套标准化的获客体系，并确保其得到强制执行。这包括明确的目标客户群体、有效的营销策略和渠道选择，以及持续的客户关系管理。

3. 建立系统的转化体系

这涵盖了从客户抓潜、培育到成交的全过程。公司需要打通这一闭环，确保员工能够顺利地从开发客户到培育客户，再到实现成交。这需要企业制定明确的转化策略，包括客户沟通技巧、成交时机把握以及后续服务跟进等。

4. 建立系统的留存体系

通过巧妙的商业模式设计和优质的服务，将老客户留住，并促使他们持续裂变和复购。许多企业并非真的是缺乏客户，而是未能有效维护老客户，导致他们流失，不断在市场上寻找新客户。因此，企业需要建立一套完善的客户留存体系，包括客户满意度提升、忠诚度培养以及持续的客户关怀等。

综上所述，中小微企业要想实现发展，必须做到以下3点：

1. 建立可复制的业务流程，形成固定的执行逻辑，摆脱对人的依赖，尤其是对能人的依赖。这样可以确保业务的稳定性和可扩展性，避免因个别员工离职而导致业务中断。

2. 明确客户的开发流程步骤，从明确客户画像到投放鱼饵吸引，再到培育与成交的整个闭环。这需要企业制订详细的客户开发计划，包括市场调研、目标客户定位、营销策略制定以及客户关系维护等。

3. 设计客户的成交服务体系与裂变策略，形成利益共享机制或者传播模式。这需要企业制定明确的成交服务流程，包括售前咨询、售中支持和售后服务等，同时设计有效的客户裂变策略，鼓励老客户推荐新客户，形成良好的口碑传播效应。

赵言慧语

公司要强大，就不能依赖能人和"神人"，而要依赖强大的业务体系。

营销策略

营销的目的就是让推销成为多余

营销的目的是通过提供有价值的产品和服务满足客户需求并赢得市场认可。在这个过程中要注重营销手段的多样性和创新性,以吸引更多潜在客户并提升品牌影响力。同时,要关注客户需求的变化并调整营销策略以更好地满足市场和客户的需求。通过有效的营销策略可以降低推销成本并提高销售效率,实现企业的可持续发展。

做生意的 6 大核心要素

有很多中小微企业老板，明明已经很努力了，却依然做不大，其中最核心的就是不够了解做生意赚钱的本质……

做生意想要赚到钱背后的几个本质到底是什么？

1. 想尽办法先解决信任问题

我举个例子，你去一家医院看病，遇到两个医生，一个穿白大褂，一个穿便装，你会信任哪一个？

毫无疑问，你会选择白大褂，因为他给你的感觉很专业，但现实是，这个白大褂医生，可能就是刚来医院的实习生，而这个穿便装的，可能是医院主任……

但是，你为什么会选择白大褂？因为看起来很专业！所以，做生意赚钱的第一步是什么？塑造你产品的公信力，你是谁，没有人在乎，你能给大家提供什么价值，才是大家最关心的问题。

2. 客户只相信肉眼可见的事实

比如说你去吃饭，在路边有两个火锅店，一个店生意火到爆棚，一个店生意冷清，我相信大部分人的选择，都是去生意火爆的那家，排队也愿意等，为什么？这就是人性。

但现实有可能，这家生意冷清的火锅店，菜品更好，性价比更高，但由于生意冷清，没有人愿意踏进来……

其实这个问题很好解决，就是好产品不等于好生意，"好产品＋好营销"才等于好生意！

3. 客户喜欢优惠与折扣

大家并不在乎你的产品具体卖多少钱，而是在乎你的产品给了多少优惠折扣。为什么大街上很多标着清仓大甩卖的门店，里面的产品价格，明显比拼多多贵多了，但还是有这么多人愿意买？因为人性就是喜欢优惠与折扣。

如果你说，原价 199 元现在打五折，这样根本不吸引人，但是你说原价 999 元，现在 99 元亏本甩卖，就会有大把人过来抢……

4. 做生意就是做好口碑

前端产品你可以不赚钱卖给顾客，但是记住一点，你一定要利用好口碑传播，靠回头客及其推荐介绍，你一样可以把钱赚回来。

为什么搞电商的都喜欢用个红包，引导别人给好评？本质就是这个逻辑。

千万不要想着，只要你的产品好，顾客会帮你推荐的，是有这种可能性，但是概率太低了，一定要懂得利用好人性，才会有更多人给你转介绍。会分钱的人，才会把生意做大！

5. 必须做好流量

如果以上 4 点你掌握了，也运用了，生意还是不好，问题出在哪里？那一定就是你不懂搞流量。

一切生意的本质都是基于流量，线上跟线下都一样，但是区别在于，每个人拿到流量的成本是不一样的，一旦你的获客成本高于你的利润，你的生意做得越大，你就亏得越多……

如何才能降低你的获客成本？本质就是公域＋私域的玩法，这套玩法，过去如此，未来也会是如此，不会过时，但问题是，很多人都知道，就是做不到，因为私域流量，想要做起来，前期投入很大，但是越往后，投入越低，回报越大。

6.认准方向，死磕到底

"都知道今天很残酷，明天更残酷，后天很美好，多少人死在了明天晚上，没有看到后天的太阳。"

如果你选择的赛道没有问题，那么死磕到底做到了，执行力拉满了，你就已经超过了这条赛道 80% 的玩家。做生意最大的对手不是同行，而是自己，你是否能战胜心中那个"浮躁"的自己，这是关键！

希望以上 6 点能够帮助到更多中小微企业老板看透生意本质，让公司发展越来越好，越做越大。

> **赵言慧语**
>
> 生意的成功不仅在于产品的质量和价格，还在于建立强大的品牌和声誉。

讲透生意本质的 17 句大白话

讲透生意本质的 17 句大白话：

1.生意与生意之间天生就有区别。就像小朋友，有的天资聪颖，不怎么读书就考满分、拿第一；有的要辛辛苦苦才能争得上游，而且一辈子可能还没有几次能拿第一。

2.客户愿意为细微的差异支付溢价。微力无边，玩的就是精湛的手艺，以点破局。

3. 品牌非常重要，因为品牌直接就是对竞争力的增强。你要告诉消费者你很牛，你的差异性在哪里，才能让消费者心甘情愿支付溢价。价格是次要的，只要你在消费者心中建立了比对手好的印象，便能不惧竞争对手的价格战。

4. 没有特色不做生意，核心抓手不能外露。先想想什么样的东西会引起你的注意。不一样的东西、独特的东西、适合自己的东西都会引起自己的注意，这一类要素，我把它们归类为你提供的产品，也就是产品需要有独特的主张，跟竞争对手不一样，如果可以比较，那应该好很多，如果不能比较，那你的产品特征就要很鲜明。没有特色就不做生意。

5. 生意的优势就是关系"人脉竞争力"。简单地说，即相对于专业知识的竞争力，一个人在人际关系、人脉网络上的优势就是人脉竞争力。换言之，一个人脉竞争力强的人，他拥有的人脉资源相较别人更广且深。在平时，这个人脉资源可以让他比别人快速地获取有用的信息，进而转换成工作升迁的机会，或者财富；而在危急或关键时刻，这也往往可以发挥转危为安或临门一脚的作用。

6. 流量，就是目标客户的来源。没有流量，一切都是空谈。为什么繁华路口的店铺租金非常高？就是因为那里有人流量，进店的人多，成交率自然就高。

7. 设计一个项目，无论线上还是线下，其实只有三件事情：流量、转化率、产品利润。

8. 粉丝经济，一定是先有粉丝，即准客户，再根据需求创造产品。一切生意的本质是流量，而粉丝，是带有信任的流量，其质量比以往传统生意的任何流量都高。

9. 先胜而后战，不熟不做，打不过不打。

10. 商业模式要"先发制人",战术上都差不多。

11. 移动互联网时代,要会玩社交新零售,做社交新生意。

12. 落地运动,先活下来,再考虑活得长久。

13. 品牌塑造贯穿创业一生,有熟悉感才有生意的规模感。

14. 公众演讲如同演出,说的是传奇,其实都是传说。

15. 最优的竞争是没有竞争。创新就是为了持续领先,领先才有安全感。

16. 产品开发就是一场消费者运动,不是乞讨购买,而是魅力征服。

17. 现在是短视频时代,短视频是百年不遇的风口和机会,人人都有机会通过短视频获得财富积累。要记得,当机会到来的时候,不是谁牛谁去做,而是谁做谁就牛!

> **赵言慧语**
>
> 老板成长的三种境界:小老板做事,中老板做市,大老板做势。

聚焦痛点提升产品吸引力

为什么你的宣传无法引起客户的兴趣,产品卖不出去?因为你连客户定位都没有搞清楚!

为什么很多人的产品很好,广告投入很大,就是成交率不高?一个很重要的原因就是价值主张对客户没有吸引力。

比如你去销售一款"祖传"止痛膏药，它的功效可以治疗关节痛、颈椎病、跌打损伤、腰椎疼痛、肌肉扭伤等，一般人会去找以上几种人群，然后告诉他们膏药广泛的功效，结果通常销售不太好。

为什么？虽然目标客户找对了，但是人群范围太宽泛了，你的"价值主张"很难击中每类人群的核心痛点！

在这方面宝洁公司是营销高手，比如飘柔、潘婷、海飞丝，这3种洗发水成分和洗发功效其实是差不多的，但是宝洁公司每种洗发水只有一个价值主张，所以才能击中某一类人群的核心需求。

同理，即使你的膏药功效再神奇，价值点也千万不要"包治百病"，而是要瞄准某一类人群做营销，瞄准颈椎病患者，你很容易找出患者的共同特征，在什么场景下颈椎最容易疼痛难忍，比如，长期静坐，长期低头。

你要把这类人的共同特征浓缩成一个典型代表人物，然后再将他在各种场景下颈椎病发作的痛苦情景做出画像，再抛出解决问题的价值主张，这样还怕吸引不到客户吗？

那如果想卖给跌打损伤的人群怎么办？很简单，把这个膏药换个包装，重新取名字，再瞄准容易跌打损伤人群的病痛特点进行销售！

你如果想让客户对产品饥渴，首先必须找出这群人中最典型的消费者，围绕着他的需求点进行精准画像，再根据画像的最大痛点，抛出的价值主张才会有强大的杀伤力，找准价值主张，最后就是在痛点上精准发力！

我们的客户是中小微企业老板，那么我的内容就不可能适用于所有的人，我只会服务中小微企业老板，研究他们有什么痛点没有解决。

> **赵言慧语**
>
> 痛点描述得越精准，成交率越高！

从卖产品到卖梦想

营销的最高境界就是："我不是卖产品的。"

无论我们卖什么，产品只是一个媒介，我们卖的不是产品，我们卖的是客户使用我们产品后的"美好生活"。

若一味聚焦于产品本身，往往会引起客户的反感。实际上，客户渴望的并非产品本身，而是产品所能带来的益处与改变。

所以，从今天开始，不要只知道卖产品，而是要卖使用产品后的"结果"！

在营销中，我们常常需要转换思维，从客户的角度出发，去理解他们真正的需求。客户购买的不仅是产品，更是产品背后所代表的生活方式、情感寄托或是社会地位的象征。因此，营销人员应该深入挖掘产品的附加价值，将这些价值与客户的需求相结合，创造出一种超越物质层面的购买体验。

例如，当我们销售一款沙发时，我们不仅是在卖一件家居用品，我们还在卖一种优雅的生活态度、一种对生活的向往和舒适。通过这样的营销策略，我们能够与客户建立起更深层次的情感联系，从而促进销售。

在实际操作中，我们需要学会讲故事，通过故事来传达产品的价值和意义。故事能够触动人心，让客户产生共鸣，从而激发他们的购买欲望。同时，故事也能够帮助客户在心中构建起使用产品后的美好画面，这种预期的满足感是推动销售的重要因素。

营销的真谛在于洞察人心，了解客户内心深处的渴望，并通过产品来满足他们这些渴望。只有这样，我们才能真正地打动客户，实现销售的成功。

> **赵言慧语**
>
> 客户购买的从来都不是产品，而是产品背后的价值。

建立和客户有共识的价值主张

无论是经营公域市场还是私域市场，无论是从事大规模的商业活动还是小规模的生意，其核心目标实际上都聚焦于同一件事情，那就是"建立共识"。所谓"共识"，指的是你所提供的产品或服务与客户内心对你的认知之间，存在一个双方都清晰明了的价值主张。换句话说，就是双方对彼此的价值有一个共同的理解和认同。

具体来说，这包括两个方面。

1. 你需要清晰地对外表达："我能够提供什么服务或产品？"

2. 客户需要明确并信任："你能如何帮助我解决问题或满足我的需求？"

无论是获取流量、完成交易还是开展任何商业活动，其本质都是基于"价值共识"的达成。举例来说：

脑白金与消费者之间的共识是"送礼佳品"，消费者认为脑白金是送长辈的最佳选择。

王老吉与消费者之间的共识是"解决怕上火问题"，消费者相信王老吉能够有效预防上火。

理想汽车与消费者之间的共识是"家庭出行首选"，消费者认为理想汽车是家庭出行的最佳选择。

百达翡丽与消费者之间的共识是"传承经典与尊贵"，消费者认为百达翡丽是尊贵身份的象征。

创业营与消费者之间的共识是"助力创业成功"，消费者相信创业营能够帮助他们实现创业梦想。

只有专注于一个领域，真正建立起与客户有共识的价值主张，才能实现商业的成功。

> **赵言慧语**
>
> 成交的核心是建立价值共识，共识越清晰，赚钱越轻松。

峰终定律下的服务体验

某天，我有幸在风景如画的杭州某酒店处理一些重要的事务。当我踏入这家豪华酒店的大门时，首先映入我眼帘的是其独特的门口设计，这种设计风格独特、引人注目，瞬间吸引了我的目光，让我感到眼前一亮。这种独特而富有创意的设计无疑会给客户留下深刻的第一印象，让他们觉得选择入住这家酒店是物有所值的。

这种设计的巧妙之处，其实正是我在课程中经常提及的服务流程设计中的"峰终定律"的生动体现！"峰终定律"简单来说，就是人们对一件事物的整体印象，往往由其中的高峰体验和结尾感受所决定，而中间的过程则相对容易被忽视。当高峰体验与结尾感受相互呼应时，这一事件给人留下的印象就会更加深刻。

正如一部电影能够征服观众，往往是因为其中的某个经典片段以及令人回味无穷的结局；一天的心情好坏，也常常由早上起床或晚上归家时的一两件事所决定。这些日常现象，无不生动地诠释了"峰终定律"的重要性。

某酒店之所以能成为国际知名的豪华连锁酒店品牌，正是因为其在服务流程的每一个环节都精心打造，尤其是那些能够构成"高峰"和"终局"的细节，都被处理得既细致又标准化。从迎宾的微笑到客房的布置，每一个环节都力求完美，从而显著提升客户的满意度和忠诚度。

因此，对于任何想要打造品牌、成为行业领军者的企业来说，都必须深刻理解并牢牢把握"峰终定律"。

对于那些在市场夹缝中求生存、渴望快速发展的中小企业来说，更应敢于创新，走出自己的特色之路。这些企业需要打造出具有鲜明个性和风格的 Logo、符号、名字、品牌故事以及广告语，以此来吸引客户的注意力，赢得他们的青睐。

即使是小小的品牌，也应怀揣着大大的梦想，只要坚持不懈，就有可能实现飞跃。

赵言慧语

真正的营销高手都是导演，会精心设计好每一个环节，牢牢抓住客户（观众）的视线。

创业赚钱的两个步骤

开设一家公司并实现盈利，需要遵循两个关键步骤：

1. 你需要拥有一款合格且符合市场需求的产品。这款产品必须具备一定的质量标准，能够满足消费者的实际需求，或者解决他们的问题。没有一款好产品作为基础，想要在竞争激烈的市场中获得成功几乎是不可能的。然而，仅仅依靠一款优质的产品，并不足以保证你能够赚取丰厚的利润，尤其是在当今这个互联网高度发达的社会背景下。你需要确保你的产品不仅质量过硬，而且能够持续创新，以适应不断变化的市场需求。此外，产品的设计和包装也应符合消费者的审美和使用习惯，从而提升产品的市场竞争力。

2. 你必须精通营销和推广的技巧。在现代商业环境中，赚钱的能力核心在于"销售"的能力，而销售的成功与否主要取决于你的营销策略和推广手段。营销和推广是将你的产品介绍给潜在客户，并说服他们购买的关键环节。你需要了解目标市场和消费者群体，制定有针对性的营销策略，选择合适的推广渠道，以确保信息能够准确传达给潜在客户。

举个例子来说明这一点，比如可口可乐、王老吉等知名品牌，它们的产品真的就比其他饮料好喝很多吗？坦率地说，它们可能和我们日常喝的普通糖水加点气泡并没有太大的区别。再如，我们经常食用的老干妈辣酱，真的就比许多家庭自制的辣酱更美味吗？答案可能并不是。

然而，这些品牌之所以能够畅销，很大程度上归功于它们在品牌营销和推广方面的成功。当一家公司的营销和推广技巧运用得当，即便产品本身没有特别突出的优点，依然能够实现盈利。因为在很多时候，消费者购买的不仅是产品本身，更是产品背后所代表的品牌价值。消费者购买的可能是产品的价值、情感联系、象征意义、面子、故事、热闹氛围或情绪价值。而这些，只有通过有效的营销和推广手段，才能传递给广大消费者。

对于中小微企业来说，如何进行有效的营销和推广是一个值得深入学习和研究的课题。建议大家关注并学习创业营的相关资料，观看相关的视频教程。不仅要关注我们发布的广告内容，更要思考我们为什么会采取这样的宣传策略，了解如何将我们的经验和技巧应用到自己的业务中，这才是请你加入我们学习团队的目的。

通过学习和实践，你可以掌握如何制订有效的营销计划，如何选择合适的推广渠道，如何设计吸引人的广告内容，从而提升自己公司产品的市场知名度和销售业绩。

> **赵言慧语**
>
> 会买的是徒弟，会卖的是师父，会"吹"的是祖师爷。

不要陷入专家视角

在制作短视频内容的过程中，我们常常会思考一个问题：是否应该在视频中只包含干货信息？其实，过度地堆砌干货内容，往往会导致吸引到的主要是同行，而并非我们的目标客户，适度地融入一些干货内容，却能够真正地吸引到我们的目标客户群体。

许多致力于制作优秀短视频内容的创作者，都曾犯过这种过度堆砌干货的错误。他们制作的内容虽然专业且具有很高的价值，但却往往得不到预期的流量。相反，有时候随意拍摄的内容却能获得意想不到的关注度。这其实是因为我们陷入了"专家视角"的误区。

在撰写稿件或语录时，我经常不自觉地就把自己代入了专家的视角。我常常会想，如果不讲得专业一点，怎么对得起我10年苦学的行业经验呢？不写得专业一点，怎么显得出我是行业专家呢？

然而，直到有一天，我在观看别人的短视频时，我突然意识到一个问题：我为什么喜欢看这个博主的内容？反思之后，我才发现，我所理解的"干货"并不一定是用户所认为的"干货"。

例如，当我谈论小公司使命愿景价值观的重要性，以及战略规划的重要性时，小老板们可能听不懂，甚至无法理解；再如，当我强调短视频中人设定位的重要性时，一个刚开始拍摄短视频的人可能也听不懂，甚至无法理解。

专业人员在创作内容时最大的误区就是无法切换到用户的视角，去理解用户到底喜欢什么东西。

我们需要站在用户的视角，用通俗易懂的语言来讲述内容，否则用户根本听不懂。

后来，当我讲课讲得多了，我有了以下感悟：真正厉害的"老师"，并不是那些能够引经据典、讲得天花乱坠、非常精彩的人，而是那些能够让受众听懂的人。能够让更多受众听懂，并且听完之后广为传播，觉得有所收获，这才是真正的"大师"！

总结一下，就是要用普通人都能听懂的语言来表达。

在传播内容的制作中，找到专业性与易懂性之间的平衡点是至关重要的。我们要深入研究目标受众，了解他们的知识水平、兴趣点，以及他们希望从视频中获得什么样的信息。通过这种方式，我们能够创作出既包含有价值的内容，又能让大众容易理解和接受的视频。

例如，当我们试图向对健康知识不太了解的普通受众解释均衡饮食的重要性时，我们不应该直接使用复杂的营养学术语。相反，我们可以用一个简单的生活化比喻来说明，比如将均衡饮食比作一辆汽车，需要各种不同的燃料才能正常运行。通过这样的方式，观众就能更容易地理解均衡饮食的概念和重要性。

209

我们需要用心去感知客户的需求，并用智慧去创造易于接受和传播的内容。只有这样，我们才能制作出既专业又具有广泛吸引力的短视频，从而在信息的海洋中脱颖而出。

赵言慧语

营销宣传的核心：站在用户的立场，讲用户能听进去的话。

第5章

成长篇：创业路上必备的常识

创业路上充满挑战和未知数。要想在激烈的竞争中脱颖而出并取得成功，必须掌握一些必备的常识和智慧。这些常识不仅包括内在的修养和心态，还包括外在的技巧和方法。

开悟觉醒

你的内在拥有无限能量,要唤醒它

开悟觉醒是个人成长的重要阶段。每个人都有无限的潜能和能量深藏在内心深处等待被唤醒和激发。

只有真正认识到自己的潜力和价值,才能激发内心的动力并推动自己不断前进。

在这个过程中要学会自我反思和总结经验教训以不断提升自己的认知水平和能力素质。同时,要保持积极的心态和乐观的精神状态以应对各种挑战和困难,唤醒自己内在的无限能量!

老板的认知决定了企业天花板

搞企业这件事，老板的认知高度决定了企业发展的高度！

创始人行，公司在市场上一定行！

创始人不行，公司在市场上一定不行！

我做了10年培训了，辅导过这么多位老板，到现在为止，我从来都没有见过哪个中小微企业老板是自己不给力，还能把公司做大的！

在我近年来亲自辅导的学员里，有1年干10个亿的，每天还在操心下一个月目标达成情况和新项目进度！

有1年干5个亿的，公司内部各种周会、月会、启动会还都会亲自参与监督！

有1年干5000万的，也还像基层业务员一样厚着脸皮主动上门跑客户做应酬！

500强企业的老板无一例外都是自己有实力，而不是当甩手掌柜，企业就可以蓬勃发展。

乔布斯是研发专家……

马斯克是科技专家……

任正非是实干专家……

张一鸣是技术专家……

包括我们看到的雷军、俞敏洪，这些人到目前这个身价，都还无一例外，在一线拼杀……

创始人自己不行，即使给你出色的下属、出色的团队，你也依然带不好，做不出成绩！但如果你自己行，哪怕给你普通的团队，甚至没有资源，什么都没有，但是你一样可以创造奇迹！

为什么我说中小微企业的核心竞争力就是创始团队？因为创始团队代表着公司的灵魂，它是公司的精神领袖，作为精神领袖都不行，都不给力，都不再努力了，再说这家公司能长久发展，根本不现实。

不要幻想找一个人能帮你把一切搞定，这种事情这辈子不可能发生，老板是1，管理、流量、模式是后面加0，老板的认知就是企业发展的天花板！

老板，就是一个公司的核心！

团队，很重要，但绝对不是一个公司最致命最重要的，而老板是！

1. 火车跑得快，全靠车头带

相信这句话，大家都听说过。但是，不知道你有没有认真地想过，为什么会有这句话呢？这句话是怎么产生的呢？

道理很明显，无论是大公司，还是小公司，或者是个人创业，老板的决策、公司的决策，都是非常重要的，而且是比较慎重的。

这个时候，就有可能一念生、一念死！所以老板的思维方式，老板的决策能力，是非常重要的。

2. 公司的兴旺与发达，是老板能力和价值的体现

咱们可以考虑一下，假如阿里巴巴当初没有马云，会发展成今天的规模吗？假如小米当初没有雷军，会有如此大的影响力吗？假如苹果当初没有乔布斯，今天又会是一种什么样的情况呢？

老板能力的体现，往往和一个公司的价值、一个公司的综

合实力，是成正比的。

3. 很多员工，错把平台的优势当成了自己的实力

在现实生活中，很多业绩非常好的员工、很多自命不凡的员工，他们总是看不起其他同事。有时候，甚至会看不起老板、看轻老板！

他们会认为，假如没有自己的业绩，公司可能就要倒闭了！假如没有自己的业绩，老板可能就要穷困潦倒了！

但是，他们并不知道，离开了平台，他们什么都不是。他们现在所拥有的一切，都是建立在有这个平台的基础之上的。

假如不相信的话，你可以让这些业绩和能力非常好的员工自己去创业。看一看，他们有几个敢去的？看一看，他们有几个能够创业成功的？

相信很多人，都会以失败告终！很多人，也都会赔得倾家荡产。

4. 实践，是检验真理的唯一标准

正所谓"存在，就是合理的"。在现实生活中，判断一个人能力的直接标准，往往看的是最终的结果，而不是看这个人的学识和能力。

团队之所以存在，团队之所以被人们推崇，最根本的原因，就是大家认为，众人拾柴火焰高，团结力量大。

但是，人多，就意味着思想多；人多，就意味着分歧多。没有老板的决策，没有老板的眼光和魄力，团队就是一个笑话，团队就是一个混乱争斗的结合体。

或者，咱们可以换一种说法，那就是"团队，只是老板理念和思维方式的执行工具"。

总的来说，无论是商业组织，还是社会团体，离开了领

导,离开了老板,任何团队都是玩不转的。

所以说,在一个公司里边,在一个团体里面,老板才是一个公司的核心!团队只是一个辅助工具!团队只是锦上添花的执行者。

所以,企业要想做大,老板必须绝对重视如何提升自己的综合实力!

老板不进步,企业没出路!

老板不学习,企业没出息!

赵言慧语

创始人就是企业的第一竞争力!

人生觉醒与蜕变

我人生真正进步蜕变的开始,应该是在10年前。那个时候,我问了自己一个问题:如果我是老板,我愿意给像我这样的员工开多少工资?

当时,我站在客观的角度审视自己,发现我给自己的工资少得可怜。那一刻,我猛然意识到,所有不如意、赚不到钱、客户不买单的问题,其核心本质在于:我自己并不值得那么多工资。

这个认识仿佛让我开窍了一般,我开始正视自己的无知和无能。之后,我近乎疯狂地投入学习和总结知识的过程中,废寝忘食，一发不可收。

我深刻体会到，生活中 99% 的不如意都源于自己的"无知和无能"。那么，正确的做法应该是什么呢？应该是无论身在何处，都要全力以赴地努力，不断提升自己的能力，去承担更多的责任。

> **赵言慧语**
>
> 学习，是最好的转运；实践，是最好的选择；反省，是更快的进步。改变，从心开始，从当下做起。

搞定事情的规律

在社会上有一条铁律：

你说点好话，就能搞定 50% 的人；

你给点东西，就能搞定 70% 的人；

说点好话再给点东西，你就能搞定 90% 的人；

若你能投其所好地说好话并恰如其分地给予好处，你就能搞定 99% 的人。

剩下的那 1% 的人，或许与你道不同不相为谋，或许根本不属于你的圈子，因此无须过多考虑。

某天早上到车管所办业务，前面排了一长队，排队的人一个个火急火燎，对着窗口的工作人员说话，一句好话好眼神也没有，命令式的居多，我就知道，这样处理事情会出问题。

不出所料，前面七八个人都是因为没有预约，被告知重新预约再来被劝回了，那些到临走的时候，也从来没一个人问过有没有其他处理方式，一个个一脸惆怅和无奈的表情离开现场。

排到我的时候，也不出意料地被告知，我也预约错了，机动车业务预约成了驾驶证业务。

当我发现这个情况后，我做出了和前面人完全不一样的态度和心态，发现预约错后，立刻在窗口工作人员面前摆正态度，眼巴巴地看着工作人员，承认自己确实是因为不知道情况而约错了，提前一周就约了。

接着，我一脸真诚地问，大哥，有没有其他解决方案？（因为我知道，这次不搞，再预约再来又要一周以后了……）

工作人员看到后面那么多人在排队，似乎不经意地说了一句，要重新预约，我立刻说：好好好……听话照做，发现不能重新预约，我又非常真诚地跟工作人员说：同志，我试了，不能约，要提前1天把之前的预约取消，才能再预约，所以约不了，能不能有其他的处理方式？同志，我人已经在这里，能不能帮我申请一下，今天就办理？

工作人员定睛看了我两秒，说了一句"把你所有资料拿过来"。我老老实实地把我所有准备好的资料上交。

两分钟不到，一个办理的业务单就到我手里了，顺利拿到预约号，30分钟办完所有检查流程和换证服务，走人。

当我办理完后走的时候，我发现，原来在我排队的那个窗口又来了一些人，那些人都还在为预约错而没好气地抱怨和指责。

同样是办业务，为什么有的人能办成，有的人办不成？同样是卖产品，为什么有人能卖出去，有人卖不出去？

很多人之所以做不成一件事，是因为在做事的过程中忘记了自己最终的目的到底是什么，于是被事物的乱象迷惑，深陷其中，不能自拔。

这就是为什么有的人，无论走到一个什么样的环境里都能如鱼得水，而有的人只是换了环境、换了同事就是各种不适应，甚至水土不服。

好好说话，围绕着最终目的说话，这并不意味着我们只能"奉承和虚伪"，而是要学会用"真诚和积极的态度"去与人沟通，以此来建立起互信和友好的合作关系。

> **赵言慧语**
>
> 怎样能得到结果，你就应该怎样做，而不是凭自己的主观意识来想当然！

付出与收获的天平定律

不管是虚拟货币还是股票基金，又或是时常源源不断地蹦出来的各种暴利项目，让你能一夜暴富的各种诱惑……

其实最近这 10 年在我自己身边蹦出来在我眼前的诱惑和机会太多了，我无一例外，全部完美地错过。

因为这些，都是我认知以外的东西。

凡是我自己认知以外的东西，我只会给自己 3 个选择：

1. 不摸不碰；

2. 不闻不问；

3. 有朋友劝我，我就把这个朋友"删掉"。

我只专心做好自己该做的事情，我把所有精力花到自己主营业务上，我迄今为止，所取得的一切结果，都是我踏实做好事之后，客户和社会奖赏给我的。

有记者采访股神巴菲特问投资稳赚的秘诀，他分享稳定投资的3个秘诀。

1. 保住本金；

2. 保住本金；

3. 牢记第一和第二条。

可惜很多人盲目跟风，什么都搞不清楚，就盲目地瞎投乱搞，最后结果就是以失败收场。

那到底什么是对我们而言最好最轻松的赚钱项目？压根不是利润高，也不是投资少，而是你真正最擅长的事情，这就是你要找的项目！

不要一山又望着一山高，坚持做好自己最擅长的事情，建立起自己的超强壁垒，这就是你人生中最大的风口！

7年前，我的合伙人向我阐述了"天秤思维"。所谓"天秤思维"，和太极一样讲究"平衡"，一边是付出，一边是收获，做事业亦是如此！

如果你付出了很多却尚未收获，请坚信自己并继续努力，因为收获可能很快就会到来，即使短期内没有，也只是时机未到。而如果你收获了很多却没有相应的付出，请立刻注意，快速反应，及时调整。如果你获得的远远超出你付出的，很有可能会发生不如意的事情！

他进一步强调说:"无论做人还是做事,都要不计回报地去付出。不管暂时有没有回报,终有一天,你会有巨大的收获和回报。如果你付出少,收获大,那么你一定会因为你没什么付出就得到的收获而付出更大的代价。"

所以,无论是在工作上还是生活中,我们都应尽可能地去为他人付出,那么终有一天,你会得到意想不到的回报。加油!

焦虑和迷茫往往源于一个共同点:不尊重世界运转的自然规律,试图通过捷径来逃避努力。比如说:

没有持续天天锻炼,却期待拥有健康;

没有好好经营关系,却期待朋友帮忙;

没有大量刻意练习,却期待写出好文章;

没有在某领域长期积累,却期待有影响力;

没有去帮别人解决问题,却期待赚很多钱!

总之,自己根本没努力,也没有相应的付出,却总是期待超额的回报,我只能说两个字——"做梦"!

所以最后收获到的只能是失望,说到底,核心就一个点:对自己认识不清,不清楚自己几斤几两!

赵言慧语

不要做超出自己能力范围、认知的事。

成功是发挥优势

很多人明明是藏羚羊，却非要学猴子爬树，一个人如果死磕自己不擅长的领域，很可能就会水土不服，耗尽心力，最后一事无成！

同样的时间，如果你花在自己擅长的事情上，或许早就已经成了行业里的佼佼者，将你擅长的事做到极致，保持专注，继续深耕，你终将有所作为。

很多时候，限制一个人发展的不是经济上的贫穷，而是认知上的狭隘。世界上最大的监狱是人的思维，你的认知格局越大，你身边的破事就越少！

人生而不同，每个人都有自己的优势和劣势，有些人读书不行，但很有运动天赋；有些人相貌平平，但很擅长打扮；有些人身体天生有缺陷，但智力超群。

人都有追求完美的习惯，但若是一味地把时间和精力耗在补足自己的短板上，结果往往只有一个：你的劣势依然是你的劣势，而你的优势也将不复存在。

有句话说得好：垃圾是放错了位置的宝贝。

明明文科很出众，却偏要去读一个理科文凭；明明更擅长做管理，却偏偏要去做销售。

结果可想而知，大概率会事倍功半，一事无成。

人生是一个大舞台，谁都有可能成为主角，正所谓，三百六十行，行行出状元。

想要成为主角的一个必要条件就是，把擅长的事情做到极致，而非耗费心力去优化自己的短板。

任正非在一次采访中说过这样一段话："我这一生短的部分我不管了，我只想做好我这块长板，然后再找别人的长板拼起来，这样就是一个高桶了。"

真正厉害的人，追求的不是完美，而是卓越。把一件事做到极致，胜过把一万件事做得平庸。

成功的关键，不是规避弱点、弥补短板，而是将自己的优势最大化。

罗振宇说："未来不是跨界混搭，而是更加精细的分工和专业。"

没有人可以事事做到完美，唯有那些始终专注于自己的长处，在擅长的领域精工细作的人，才能实现阶层跨越，成为熠熠生辉的精英。

未来变化莫测，各种挑战随处可见，能够决定一个人未来的不是天赋和运气，而是能够在自己天赋的领域深耕的能力。

对于一个人来说，经济上的贫穷并不可怕，可怕的是认知上的狭隘。普通的人改变结果，优秀的人改变原因，别让思维困住自己。

多读书，常思考，多跟优秀的人同行，不断地去提升自己的认知，扩大自己的格局，唯有这样，才能让你进入更高更大的世界。

先做无可替代的事，再让自己无可替代。专注长板，会让你脱颖而出；死磕短板，只会让你的人生贬值。

余生，放弃对完美的追求，找到自己喜欢并擅长的事情，专心致志，心无旁骛，持续去做一米宽、万米深的事，你终将会实现自己的人生价值，成为所在领域里的佼佼者。

> **赵言慧语**
>
> 不要试图成为别人,做最好的自己。

放下面子再来创业

创业者必迈过一道坎:放下面子。

昨天我和创业营一个"90后"的年轻创业者交谈,他提到,他的一位大客户同时是好朋友,经常透支信用提前拿货,并累积了大量欠款。尽管偶尔会有全款支付,但更多时候是直接欠款。面对这样的情况,他感到既为难又无奈:不发货会影响关系,但继续发货又会让资金压力越来越大。他向我咨询该如何应对。

这位创业者表示,因为这位大客户是他的好朋友,他担心如果直接催款会伤害彼此的感情,自己主动提及欠款又感觉面子上过不去。然而,不这样做,公司的运营压力又让他倍感煎熬。

听着他纠结痛苦的抱怨,我问了他两个问题:

1. 是你付出的多还是他付出的多?他毫不犹豫地回答:"是我。"

2. 是他欠你的多还是你欠他的多?他毫不犹豫地回答:"是他欠我多。"

那么,你为何不敢要求他还款呢?是他欠你的钱,而非你欠他的。他难道不知道已经累积了这么多欠款吗?

我认为，这实际上是典型的"打肿脸充胖子，死要面子"的行为。你说他是你的好朋友，但好朋友会这样对待你吗？你是否想过这背后的原因？

如果你等到公司资金链断了，货都发不出去，供应商货款都结不起了，员工工资都发不起了，你怎么办？

在现实生活中，很多创业者都像我的这位学员一样，明明已经陷入困境之中，却仍然因为面子问题而犹豫不决。

然而，"面子"这一关不过，真正的创业其实还没有入门，因为对于创业者来说，最重要的是明确自己的目标和价值观，而不是过分在意他人的看法。

创业路上重要的事情有很多，但一定不是"面子"。

因为放不开面子，不敢大胆成交客户，不敢拒绝朋友的请求，不敢向别人请教问题，不敢尝试有风险的机会，也不敢正视自己身上的不足。

很多人生活里的一切都是围着"面子"转，明明是一地鸡毛、一塌糊涂，却还是死扛着，死要面子活受罪。

而反观那些能放下面子的人，他们不在乎外界的闲言碎语，坦率地做真实的自己，日子反而过得更加肆意洒脱。

希望每一位创业者都能拥有这样的精神品质，勇敢地迈出创业的第一步。

赵言慧语

小老板死要面子，毁了事业；大老板放下面子，做好事业。为了面子"坚持错误"是最没有面子的事情。

不要和没有立场的人做朋友

在人生的旅途中，最大的失败之一莫过于交错朋友。当我们不慎结交了那些缺乏政治立场、底线原则，思想不够成熟，喜欢吹牛浮夸的人，并且与他们成为好朋友，甚至美其名曰"多年过命交情的知心好友"，这无疑是一种巨大的错误。俗话说，"像朋友的人未必是好朋友，不像朋友的人未必不是好朋友"。交朋友的真正意义并不在于表面的交往，而在于找到那些志同道合、风雨同舟的挚友。交错朋友，可能会毁掉我们的一生；而交对朋友，则有可能赢得一生的幸福和成功。

关于如何选择朋友，我想给大家提供以下3个建议：

1. 不要和没有立场的人做朋友。一个人最大的不成熟往往体现在政治立场的不成熟上。我们必须清楚地知道自己属于哪一方，属于哪个国家、哪个集体。

2. 不要和立场不坚定的人做朋友。这种人往往缺乏自己的主见和原则，容易受到外界的影响，左右摇摆，无法坚定地站在自己选择的立场上。在面临选择时，他们可能会因为别人的建议或诱惑而改变自己的决定，甚至违背自己的原则。与这样的人相处，我们无法确定他们在关键时刻是否会坚定地支持我们，甚至可能在关键时刻背叛我们。因此，与这种人交往时需要格外谨慎。

3. 不要和同时站很多立场的人做朋友。这种人可以简称为"毫无原则之人"。他们为了自己的利益，可以随时改变立场，成为任何人的"好朋友"。他们为人处世圆滑，俗称"墙头草"，风往哪边吹，他们就往哪边倒，没有坚定的立场和原则。

今天他们可能为了利益依附于你，对你点头哈腰、阿谀奉承，但明天看到你失势了，就可能毫不犹豫地落井下石、背后插刀。遇到这种人，一定要远离。记住，你的这种"好朋友"也有无数个"好朋友"。他们虽然善于社交，看似平易近人，却难以让人放心大胆地信赖。这样的人不适合做朋友，更不适合深交。

总之，选择朋友时应该慎重考虑，不能仅仅看表面的友好与亲近，更要深入了解他们的内在品质和立场。只有这样，我们才能找到那些真正值得托付与信赖的挚友，从而在人生的道路上获得更多的支持和帮助。

> **赵言慧语**
>
> 慎选友，重立场，一个没有立场的人，就会是一个没有原则的人，这样的人最危险。

不必强求的改变

当一个人经过你三次以上的劝告后仍未改变，那么从此以后，你就不必再费口舌了，让生活的经历去教导他吧！

因为不是他不知道改，而是他不愿意改。

若强求他人改变，最终往往只是徒劳。

他们自己是骨子里不想改变的，除非他们自己有想改变的欲望，自己若不醒悟，他人能如何度？自己若是醒悟，又何须他人度？

真正能够说服一个人的，从来不是什么大道理，而是他撞过的南墙，走过的错路，贫困的生活，痛彻的经历和干瘪的钱包！

人教人，教不会，事教人，一次就够。一个人想真正成长必须做的两件事：吃饭和吃亏。

一定要记住：

你感动不了一个不爱你的人……

你无法叫醒一个在装睡的人……

你也改变不了不愿改变的人……

你更拯救不了不想被救的人……

世界上最难的两件事：

1. 把别人的钱装进自己的口袋里。

2. 把自己的认知装进别人的脑子里。

一个人最大的毛病就是好为人师，自己总是控制不住地去纠正别人，教育别人，批评别人，甚至是去拯救别人。

殊不知，人生一世短短三万天，各自有路，各有各苦，每个人有自己的活法，世界本就没有标准答案，你的标准只能要求自己，无法强求别人。

一个人最大的清醒就是克制自己纠正他人的欲望，尊重彼此的不同，理解别人的选择。

海纳百川，有容乃大；人容万事，胸怀宽广。先反省自身，再尊重他人。想让事情变得更好，先让自己变得更好。剩下的，就交给时间去证明吧。

赵言慧语

改变自己的是神，改变别人的是蠢。

专注定心

保持专注，心无旁骛，万事可成

在成长的道路上，我们要学会保持专注和定力，不被外界的干扰和诱惑影响。在面对各种诱惑和挑战时，要能够坚守初心，不被短暂的利益迷惑，而是将目光放在长远的发展上。只有保持专注才能让我们更加高效地完成任务并取得成功。同时定心也是非常重要的，它能够帮助我们保持内心的平静和冷静，在面对挑战和困难时能够更加从容地应对。保持专注和坚定的心态，可以确保企业在竞争激烈的市场中稳步前行，实现可持续发展。

老板最大的敌人是自己

如果你想让自己、想让公司接下来发生翻天覆地的变化，那么，请你现在找个安静的地方，让自己静下来，认真回答一下这个问题：

新的一年，我要如何做，才会比现在厉害100倍？

把要做的所有事，用一张白纸，一件一件写下来，自己看10遍，然后问问自己，什么时候去做？

我觉得这个问题，它至少价值100万，至少在我这里。

如果你能认真地回答这个问题，并写出5～10条解决方案，并落实执行的话，我可以很负责任地告诉你，在接下来的一年里，你一定会发生翻天覆地的变化！

因为，

人绝不可能做到，自己认为做不到的事情！

人只能做到，自己认为自己能做到的事情！

所以你认为自己是否能做到，是否愿意去做，是一件事情是否能做到的核心枢纽！

这就像一个人想去说服别人，首先要彻彻底底地说服自己，因为只有说服自己的人，才有可能说服别人，如果你连自己都说服不了，别人为什么要相信你？

所以如果你想让自己未来更好，我建议你，每天睁开眼就要去思考一下这个问题——

我要如何做，才能比过去厉害100倍？

我公司应该做哪些事，才能比过去厉害100倍？

每天问自己，每天问，每天做，你就会发现当你不断地往前冲刺，不知不觉中，你就会超越过去的自己很多倍！

一个老板什么都可以没有，但绝不能没有的就是野心和梦想，别人可以教你各种方法，但唯一不能给你的就是你的野心和梦想！

首先你自己一定要有发自内心的梦想，足够渴望的梦想，只有这样你才有可能会去实现它，不然即使别人给你再好的方法、再好的招数，你还是无法实现自己的梦想！

所以，想要改变，人生就要敢于不断地破框，小破小立，大破大立，不破不立！

敢于不断破框，敢于快速打破自己现有的认知边界，敢于提高自己的标准，择高而立，敢于向未来发起挑战，才有可能实现梦想，才有可能看到一个全新的世界！

你是否真的想，是否真的渴望实现梦想，是否真的愿意采取行动，这很重要！

平庸的老板，做不出伟大的企业！

无能的将军，带不出卓越的士兵！

绵羊的领导，训不出狼性的下属！

平静的湖面，练不出精悍的水手！

涣散的团队，育不出拔萃的人才！

安逸的环境，造不出时代的英雄！

送给大家一段话：

不想当第一，你就是在混！

不想做更好，你就是在浪费生命！

很想当第一，也很想做得更好，但如果没有执行力，那一切都只是空想。

> **赵言慧语**
>
> 能战胜自己，你就能战胜一切。

远离碎片化

远离游戏，把钱和骨头放在狗的面前，狗会选择骨头，因为它不知道钱能买到更多的骨头。

上一次在辅导学员的时候，有个学员问我平时是如何学习的，我说我也看视频，我也读书，但是我不会只学一个点，要学我就会系统地学，学了之后，我还要随时学习，随时总结和复盘，思考所学如何为自己所用，这叫学以致用！

不然哪怕你学了再多，若都没有去用，那就是越学越没用。

我每天的学习都会日思日毕，所有大家在朋友圈、短视频、网络上看到的发声，基本上都是我当下学习总结的。

这个学员喜欢刷短视频，学习各种碎片化的知识，每天在公司忙到半夜十一二点，回家躺下还要再刷两个小时的短视频，凌晨两三点才能休息，生物钟严重紊乱。

上次在辅导她的时候，她说有时候不刷短视频还好，越刷越焦虑，越痛苦，感觉自己好像学了很多，又什么也没有学到，不够系统化也不成体系。

短视频中的碎片化知识是一听全部都懂，一用全部都废。

短视频的出现扩大了人们的认知宽度，却没有让大家提升认知的深度，看了 100 个碎片化的短视频，刷 1000 个小短剧，都不如放下手机，静下心来认真学习一个点的系统理论知识，把这个点学透学会。

如果一个人了解的都是碎片化的知识，会一叶障目，盲目自信，因为他学习的都是点，而不是面。

尤其是创业老板，只有不断"系统"地学习，才能掌握新的知识和技能，从而支撑自己和公司未来能走得越来越远！

把公司做好不是靠一个点，而是靠一个系统的工程闭环，才能越走越远。

人生最大的悲哀就是能力跟不上野心，你就会非常痛苦，当你已经感觉到自己的能力跟不上自己的野心的时候，不如静下心来，认真学习，好好修炼，让自己的能力得到一个全方位的提升，以更好的姿态去面对将来的人生！

世上没有白走的路，人生没有白读的书，你走过的路、你读过的书，会在不知不觉中改变你的认知，悄悄帮你擦去脸上的无知和肤浅。

赵言慧语

碎片化的知识不值钱，真正值钱的是体系，只有把知识转化成技能并运用到适当的体系里，它才会值钱。

成功的秘诀

无论做什么事情,关键在于"持续"。只有"持续",才能积聚力量,推动我们向成功迈进。

宇宙中隐藏着一个公开的成功秘诀,这个秘诀广为人知,但很多人却难以践行。这个秘诀就是——"持续"。

凡是持续的人,无论做什么事业,最终都能取得成功,只不过成就的大小有所不同,或大成或小成。

这就像烧开水一样,无论水温升至60℃还是80℃,一旦熄火,水就永远无法沸腾。等待半天后,水温下降,再次点火重烧,之前的努力便付诸东流,柴火浪费了,时间也浪费了。

该花的一切都花了,该干的也都干了,但结果却没有达到我们的预期,这就是褚时健讲过的一句话:如果同样的事情,花了同样的时间,但最后取得的结果却不一样,那就是把所有时间精力都浪费了,因为你还要再做,凡事认真地做,总没错!因此,无论做什么,都要认真对待,全力以赴。

公司的发展、内部管理以及日常业务同样需要持续的努力。对于既定的事情和目标,我们必须坚持不懈,不能半途而废,不能三天打鱼,两天晒网……

有时候,我们可能已经努力了一段时间,水温升至60℃甚至80℃,眼看着就要沸腾,但稍有松懈,不断续"加柴",水就永远无法烧开,无法达到那个至关重要的"临界点"。

所以只能再来一次,再来一次,再来一次,一次又一次,在这个过程中,虽然无数次重复,但没有一次真正做到全力以赴，所以一直无法突破当下的困局"瓶颈"。

水滴石穿并非水的力量强大，也非石头脆弱，而是"持续滴水"的积累所致。

那么，什么叫"持续"呢？简单来说，就是日事日毕、日清日高。例如，每天发布几条创业语录，一天两天或许看不出效果，但坚持一千天、五千天呢？结果定会截然不同。

大事情的背后都是一件件小事情，把小事情做到极致，大事情自然水到渠成！

每天、每周、每月以及每个关键环节，我们都要保质保量地完成自己的既定工作目标，这样到了年底，自然会迎来大丰收。

要不然就是：今天拖到明天，明天拖到后天，后天拖到下周，这次拖到下次，下次拖到下辈子……

做事若都是这样的放任自流，你早晚会为自己当初的不够坚持而后悔，因为你清楚地知道，如果再来一次，你一定会做得更好！

千万不要等到一切都已经尘埃落定，被人嫌弃，看不起你，要放弃你的时候，再后悔说如果再给我一次机会就好了，我一定会把握机会。

赵言慧语

再小的努力乘以 365 都会变得很明显。

再大的困难除以 365 都会变得很渺小。

努力没用，一直持续地努力才有用。

把时间用对地方

昨天，我在和一位朋友闲聊的时候，无意中开了一个玩笑。我们聊到了一些老板似乎总是会突然间消失，仿佛闭关修炼一般。据传言，这些老板大都在默默地闷声发大财。而那些经常出现在社交场合，喜欢拉帮结派、聚在一起的人，通常意味着他们所在的公司目前可能不太景气，没有赚到什么钱，因此可能在寻找新的出路和机会。仔细想想，这确实有一定的道理。

一个老板一直在埋头苦干，全心全意地想要把事情做到最好，在专心致志地工作时，难免会忽略身边很多人情世故的交往。渐渐地，他的身边开始出现了一些质疑的声音："你看，他现在已经开始摆架子了，都不愿意和我们一起交流了。"对此，我建议选择不去理会。

其实，并不是这个老板不愿意交流，而是他认为如果在一起沟通只是吹牛、喝酒、闲聊，没有任何实际的价值和意义，那确实没有什么好交流的。有这个时间，还不如多找几个客户沟通，这样双方都能有所收获和获得价值，实现双赢。这样的关系不是更好、更长久吗？

很多老板为什么在事业初期明明有点起色，但无论怎么努力，公司却总是无法做大呢？核心问题就在于：他们喜欢瞎凑热闹。简单来说就是：心不够定、不够静。外界稍微有点风吹草动，哪怕和自己半毛钱关系都没有，他们也赶紧过去凑热闹。连自己公司的一亩三分地都搞不好、捋不顺，却有空天天凑别人家的热闹。长久下去没有产生结果，就陷入无限的恶性循环之中，开始自我怀疑："别人搞得好，我不行，我搞不好。"全是一堆乱七八糟的负能量！

这种现状如何解决呢？

你需要把你的想法整理一下，让躁动的心平静下来，问问自己什么才是最重要的。一旦确定方向，就找到核心动力源，认准目标，从此时此刻开始全力以赴。你只要敢这样去干，一心扑在事业上几个月，几个月之后怎么可能还不出结果呢？

赵言慧语

你的层次，决定了你的社交上限，与其花费大量时间去结交别人，不如努力提升自己，让自己成为那个别人想结识的人。

捷径就是脚踏实地

当你以一生为周期来做事业，你看到的是世界运行的底层规律。

当你以 10 年为周期来做事业，你看到的是时代发展和规则变化。

当你以三五年为周期来做事业，你看到的是格局、人品、胆识和眼光的综合作用。

当你以一年为周期来做事业,你可能会更加关注人的天赋和能力在短期内的表现。

当你以天为单位来做事业,你可能会忽视长期规划和努力,而将成功归因于奇迹和运气。

其实,无论我们去做什么事,出发点就已经决定你的终点了!

比如,一个老板的起点是只想当下赚钱,不想未来会怎么样,他就会什么赚钱,就做什么,怎么来钱快,就怎么做,哪怕铤而走险,走捷径,抱着一个万一我运气好不被抓的想法。

那这个老板就会永远在换项目,终点就是永远没钱,并且整日提心吊胆,乃至违法犯罪……

比如,一个老板的起点是我要做好一份事业,事做好了再赚钱,当下苦点累点都可以接受,他就会为了让自己未来能做好事,现在开始作好铺垫,做好积累,努力提高自己的能力,让自己在未来足以有实力能匹配。

那这个老板的终点就会是变得越来越厉害,永远不缺钱,赚钱也会变得越来越轻松。

所有那些表面看起来的光鲜亮丽,无一例外,都是几十年如一日地勤奋苦练,脚踏实地地积累,以及不忘初心地坚持,因为这"符合规律"。

公司赚钱和种地一样,容不得你半点偷懒懈怠、偷工减料!

你要赚大钱、赚长久的钱,你唯一要坚持的就是竭尽全力地去创造价值、贡献价值,只要你坚持这样干,就不可能赚不到大钱!

赚钱和种地一样,种地的时候,如果你偷懒、偷工减料,该浇水的时候你不浇水，该除草的时候你不除草，该施肥的时候你不施肥，那么最终的结果将是：你会颗粒无收。

赚钱也是一样的，该你做的你不做，不该做的你偏做，做起事情来总是打折扣，总是将就，差不多就行了，那你就不可能产出高价值、高服务的产品，价值低客户自然就不会买单，客户不买单你自然就赚不到钱！

所以，想要赚钱，必须抛弃所有走捷径的想法和行为！

客户的价值没给到，做什么都没有用。踏踏实实、勤勤恳恳地去钻研如何最大限度地为客户贡献价值，并且竭尽全力地去干，钱自然就会来了！

> **赵言慧语**
>
> 长期主义 + 有价值的事 = 伟大的企业

成为领袖必备的 5 项能力

创业老板自检表，成为领袖必备的 5 个"力"，看看实际得分的你，距离想象中的自己还差了多少。

1. 信仰力，0 ~ 10 分，你给自己打多少分？
2. 领导力，0 ~ 10 分，你给自己打多少分？
3. 说服力，0 ~ 10 分，你给自己打多少分？
4. 影响力，0 ~ 10 分，你给自己打多少分？
5. 学习力，0 ~ 10 分，你给自己打多少分？

这5个"力"相辅相成，共同构成了成功的创业老板的核心素质。

一个没有信仰力的老板，无论做什么事业，都是永远只能小打小闹，这和行业无关。

一个没有领导力的老板，无论带什么下属，都永远是下属有问题，这和下属无关，和自己是否具备领导力有关，因为再差的下属也总有优点，一个不会游泳的人换再多游泳池都没用，一个不会领导的人带再多下属也没用，一个好的老板关键在于提升自身的领导能力。

一个没有说服力的老板，无论和什么客户、什么员工沟通，都永远是客户、员工有问题，再烂的产品都有人能卖出去，再好的产品也都有缺点，没有说服力，干啥都吃力；没有说服力，说啥都没用。

一个没有影响力的老板，无论干什么都只能想着自己的当下，却从没有想过慢慢逐渐建立自己的超强影响力，让身边所有人对他刮目相看。所有的老板拼到最后，拼的都是人格魅力，而影响力就是最大的人格魅力，而影响力的背后就是要对自己够狠。

一个没有学习力的老板，无论干什么都会遇到障碍，殊不知，你所有遇到的障碍都是因为自己能力不足，当一个人脑子不够用，不知道用什么方法方式能解决问题的时候，便只能通过无奈或者逃避来安慰自己已经尽力了，人生最大的悲哀就是"能力跟不上野心"，而能力不足的背后就是学习力不够。

赵言慧语

择一事，终一生，痴迷事业，全心投入，是创业成功的最快法门。

成为高手的必经之路

无数个老师,用半辈子时间只为打磨"一套理论"。

无数个 IP,用半辈子时间只为塑造"一种独特形式"。

无数个操盘手,用半辈子时间只为构建"一套高效结构"。

不怕千招会,就怕一招精。一旦掌握了这样一套理论、形式或结构,他们便能在各自的领域内游刃有余,打遍天下无敌手,无往不胜,所向披靡。

这个"1"看似非常简单,却不是凭空而来的,而是无数次撞得头破血流,无数个不眠之夜,无数个垂死挣扎,无数次跌倒再爬起换来的……

一个人一旦找到和自己灵魂合二为一、最契合的那个"1",剩下的一切都只是时间问题!

就像一万小时定律一样,一个人为什么能创造奇迹?因为他能够持续,对的事情 + 对的方法 + 足够的时间 = 滚雪球一样的复利,简称"奇迹"。

如何快速成为某个领域里的高手,甚至创造奇迹呢?答案很简单:什么都不要想,立即行动,专注于眼前的事情,立刻开干!

无须过多思考结果,不必焦虑于成功或失败,更无须畏惧他人的嘲笑。

因为,所有的伟大都源自对每一件小事的极致追求,是从量变到质变的自然过程。

当你把一件事情做到极致，自然而然会越做越好，就会水到渠成，得到你想要的一切！

这才是"顺其自然"的真正含义！

不管你是做短视频、直播还是社群，这些都属于"术"的层面，真正重要的是提升自己专业能力的稀缺性，设计合适的商业模式作为杠杆，并坚持长期主义，持续建立自己的核心优势，这，才是你的"道"。

真正赚钱的高手，一定是做一件事，能够把它精细化、极致化，深入本质，做到驾轻就熟，超越常人。

为什么说一通百通？因为当你真正精通一件事时，你会发现其他事情也都有相通之处，最怕的就是啥也不通，啥都停留在表面，触摸不到内核！

如果仅仅停留在表面，是难以成事的。只能停留在表面，说明你只能浅尝辄止，结果自然也不会太好。

而当你做事能够深挖，能够精细化，能够做到极致的时候，说明你具备干成一件事的能力。

这个世界凡事就怕认真，平时大家都说"差不多就可以"。但关键时刻，我们就会发现，你必须具备把一件事做到极致的能力，才有更大的机会，把一件事情干成，这代表着你的深度。

成功的人一定是把某一项做到一百分的人，样样会，不如一样精，当你在某一项上特别精细、特别专业，以及可以代表这个行业的大牛的时候，那么财富、名誉、身份、地位都会自动向你靠拢。

这就像剪头发的第一名也可以和世界首富坐在一起聊天谈心一样，圈层已经变了。

永远不要觉得你在某一方面做到 98 分就够了,其实这关键的两分,就会造成你跟别人天差地别。

只有填平了这两分的差距,你才真正具有了上牌桌的资格。很多时候你拥有某些核心技术的时候,就有了话语权、掌控权,以及定价权。

因为有些核心技术只有你有别人没有,或者说只有你能做到一百分,做到极致,你才能真正地做到权威。

高手做事一定是专注于某一领域,达到登峰造极的境界,至于其他领域,他们可能也有所涉猎,但不一定像专长那样精通。

永远不要相信全能,所谓全能可能就是全不能!

> **赵言慧语**
>
> 冠军和亚军只差 0.0001 秒,但人生结果却差了十万八千里。

专心做好一件事

最快的成功方法就是,保持对一件事情的专注,不停地重复,不停地深钻,只要看透时间的复利效应,每一个人都可以成为一个小领域的佼佼者,怕的就是你在各个领域之间徘徊游荡。

若想成功,人生贵在执着和坚持,无论你追求什么样的目标，都需要付出努力并且坚持，用无数次的重复和时间的累积，才能成就自己。

只有不断沉淀自己，坚持不懈地去做一件事情，这才是取得成功的捷径。

当你把有限的时间用在某一件事上，认真对待，重复去做，就一定会有所收获。

人若是想要成功，就要一心一意做事，不要好高骛远，一山看着一山高，你要知道一山更比一山高，你若是不能执着于一座山峰，而是在各个山谷之间徘徊，那么，注定会被更高的山峰吓倒。

如果我们不能认真对待一件事，把一件事做好，做到极致，最终就会一无所获。

孔子曰："志不立，天下无可成之事。"

人生路上，不怕慢就怕站，当我们不敢面对，不去坚持，三天打鱼，两天晒网，再简单的事情也做不好，更不要说成功了。

当一个人做事足够专一、足够专注的时候，无论什么样的困难，能够矢志不渝，努力付出，就有收获。

任何人都不要抱有侥幸心理，没有谁能够随随便便成功，若想做成一件事，就要把所有的精力都集中在这件事上，把它做得越强越好。

我们这一生，能够做成的事情不多，与其广撒网，不如把有限的时间和精力都用在值得做的事情上，在有限的时间和精力里，做自己想做的事情，而且不言放弃才行。

因为我们不能太贪婪，更不能把所有的事情都做好，只要认准一件事，把一件事做好，做到极致，这就是最大的成功。

一个自律的人，能够发挥出自己专注的力量，把自己的热情和潜力发挥到极致，就没有什么能够阻挡我们克服困难。

刘同说："你把时间花在哪里，人生的花就会开在哪里。"

你的专注在哪里，成功就在哪里；行动在哪里，收获就在哪里；心用在哪里，风景就在哪里。只有不断提升自控力，不断重复，如此才能掌控人生。

如果你认真去做事，善于观察，你就会发现，在各个领域中，不管哪一行都有佼佼者，而他们都是执着与专注的人，在一个领域不断挖掘，把时间和精力专注于某一方面，不断努力和深耕，不断精进，直至成功。

只有让自己经年累月地去践行一件事，在一个自己喜欢的领域不断重复，通过积累和沉淀，最终你会发现，把一件简单的事情重复无数次，就已经很不简单了。

所以，如果你想成为一名成功者，真正的捷径，那就是坚持自己的专注力，专注于一事，用一生去做好一件事。当你专注于一件事，不厌其烦，不断重复，把一件事做到极致，你会得到不一样的回报。

财，不入急门；心急，吃不了热豆腐。

学什么都行，一法通万法通，你一定要在一个领域里边深耕，去学到极为专业的程度，搞明白它的方法，搞明白它的原理！

就是沉浸式地成为这个领域、这个赛道的专家，然后它就通了，一通百通，是方法论的通！

很多人之所以干不好，就是因为他们分散了时间和精力，一份时间既要干这个，又要想那个……随着时间的流逝，其实啥也没干好。

静下心来，专注于一件事情，朝一个方向去天天想，天天琢磨，无关的事情一定不要花精力去琢磨。把时间和精力花在无关的事情上，就是最大的内耗。

我们都知道未来的趋势是 AI 高科技、新能源、大健康等，但当这些行业机遇真正到来时，我们不妨扪心自问，我们有资格入局吗？假如现在给我们资源，我们能玩明白吗？我们天天看、天天念、天天痴心妄想，能改变我们公司的现状吗？不能！

我们只需专注一件事情，"深耕"自己的领域，两耳不闻和自己无关的天下事，不要去管别人怎么样，更不用去管未来怎么发展。

对我们来说只有两件事：

1. 做好自己的事。
2. 怎么做好自己的事赚钱。

坚持一个细节理念，让自己沉进去。

成功始于专注，专注在于当下，专注是成功的关键，而不是多任务处理。虽然赚钱的路上是拥挤的，但专注下来，去做一件事，我们才会在领域内变得更专业，从而收获属于自己的那份成功！

所以，我们专注力越强，那我们的赚钱能力就越强，其实道理虽然简单，但不是每个人都能够做到。

我们有多专注，就有多专业；

保持专注，世界才会为我们让路！

赵言慧语

目标想实现，第一要专注，第二要重复，第三要专注重复。

实践出真知

实践是检验真理的唯一标准

实践是获取真知的重要途径。只有通过实际操作和不断尝试，才能验证理论的有效性和可行性。在创业过程中，要注重实践经验的积累和总结，将理论知识与实际操作相结合，不断摸索出适合自己的发展道路。

因此我们要勇于尝试和实践，不断积累经验和教训，从失败中吸取教训，从成功中总结经验，不断调整和完善自己的方法和策略，以更好地适应不断变化的环境和需求。

高效达成目标的策略

今天给大家分享一个工作习惯，就是养成"制定目标—拆解目标"的习惯，把目标拆解成每天需要完成的事，然后每天鞭策监督自己去完成。

就像 10 年前我刚开始做业务员的时候，业绩非常一般，但我知道，如果我想成为公司几百人里的"销冠"，我至少需要拥有 3000～5000 个精准画像客户的储备量才有可能实现！所以我给自己设定了一个简单的目标："每天从早到晚必须新增 10 个符合我画像的意向客户添加到我的微信里，不新增够不睡觉。"我就是凭借这个习惯，在一年的时间里，持续累积了 4000 多个画像客户，三年的时间里我就累计超 15000 个精准画像的客户。

最终结果也不出意料，第 2 年开始，我的销售业绩连续排在 TOP1 的位置，并持续到我不再做业务。

这段经历在后来我创业的过程中，也起到了非常大的作用。当我面对人生的第一个 500 万目标怎么实现时，我采用了同样的拆解策略，将 500 万细分到每天，目标变成了每天赚取 13000 多元。比如，大家来参加的某个课程，产品定价是 2980 元，如果每天能卖出 5 单，这样综合一年就能超额达到近 550 万的目标。然后我再拆解，每天 5 单需要多少客户，需要多少团队，缺客户就找客户，缺团队就招人。这样的拆解，就让我的目标变得具体且可实现！

这里还有一个关键，比如，在长时间为 2980 元价位的产品

249

用户服务的过程中，我发现了一个致命的问题："营收很难再突破。"因此，我深刻意识到了定价策略的重要性。如果我将客单价提升至1万元，那我就只需要卖出500份就能达到理想目标；但如果客单价提升到10万元，我只需要50个客户，平均下来我每个月只需要5个客户，每周完成1个销售目标就可以达成了。

再比如我正在写的自己创业过程中的感悟和思考，都是按照同样的逻辑拆解。如果每天写5篇，每篇1000字，一年就是18万字。

除了实现积累，还有效率提高。我从最初打1000字感悟要总结半天，到现在语音输入1000字的感悟张口即来，耗时也就20分钟。这都是我实践了具体拆解后，一个动作重复训练后产生的"复利效应"！

所以，无论是在学习还是在创业过程中，一定要学会设定与拆解目标，这是所有想要创业成功的老板的必经之路！

> **赵言慧语**
>
> 小目标是大目标实现的条件，
> 大目标是小目标实现的结果。

凡事先干再说

什么是执行力？

执行力，简言之，就是先行动起来，在执行中不断调整，在调整中不断完善。其核心在于勇于迈出第一步，并在实践中不断优化和改进。

我们不必过分拘泥于"天时、地利、人和"的那一套，坚信凡事都要万事俱备再行动。

现实生活中，哪有那么多天时、地利、人和，哪有那么多万事俱备？

现实中这样的机会少之又少。

哪个老板的成功不都是在自己先一路狂奔，跌跌撞撞，摸爬滚打后才找到一些窍门，顺水推舟，越做越大？他们不是等待所有条件都成熟后再行动，而是相信在行动中能够创造条件，解决问题。

时代在飞速发展，工具与技术日新月异，计划往往难以跟上变化的速度。因此，最好的策略是灵活应变，顺势而为。犹豫不决、拖延磨蹭只会让我们错失良机，被时代的浪潮远远甩在身后。

创业者更应如此，不能寄希望于一切准备就绪后再出发，因为这样的"完美时刻"几乎不存在。相反，我们应该具备边做边学、边做边完善的能力，在市场的风雨中锤炼自己的核心竞争力。

真正能跨越长周期的公司，不是等风来，而是不管风来与不来，公司都能披荆斩棘，不断勇往直前，在市场上有自己的"核心竞争力"！

再大的风也只有一阵，撑死两阵。风来了，你是起来了，但风走了，你也就废了。

记住，创业路上充满了变数，原计划做甲项目，最终可能发展成乙项目或丙项目。这正是创业的魅力所在，也是我们必须接受的事实。重要的是保持灵活性和适应性，随时准备调整方向，抓住新的机遇。

同样，做生意赚钱也需要这种敢于尝试、勇于冒险的精神。胜败乃兵家常事，关键在于我们能否从失败中吸取教训，不断调整策略，最终找到通往成功的道路。

凡事先自信地开干，让我们自信地迈出第一步，一切路上的问题路上解决，中间我们想要的一切条件也会在行动中逐渐匹配到位。

记住，那些一眼就能望到头的路，往往不是机会，而是平庸与停滞的陷阱。

赵言慧语

没有一朵花，从一开始就是花。

靠谁都没有用

我从事培训工作已有 10 多年，服务的学员几千人还是有的。这么多年来，我从未涉足代运营业务，并非我对自己的专业能力缺乏信心，而是我对学员的执行力持保留态度。

站在商业的角度理性思考，代运营业务模型最终可能导向两个极端结果。

1. 公司若倾注大量精力，而对方未能取得预期成果，最终只会换来失望，同时造成公司严重的人力、物力损失。这对公司的未来发展和业务拓展都是百害而无一利的！

2. 若投入了大量精力，取得了好结果，公司就必须持续分钱。

为什么我一直在课程现场强调，做老板的一定要先让自己动起来，自己要先学习，要进步，不要再幻想着一夜暴富的美梦了，因为老板就是企业的天花板，金字塔的塔尖，老板若能进步一小步，企业就能进步一大步！

老板若是不亲自下水，站在岸上指挥，公司无论什么事情，最后的结局真的都会失败，因为没有人比你更操心你公司的未来！

这个世界最不缺的就是双脚没有下水，却站在岸上看不起下水的观众，还在旁边指点江山的观众。

人性不可违背，为什么有很多人明明知道很多道理，却依然过不好这一生？

为什么有很多学员明明知道方法很有效，却也不愿意努力去执行？

为什么同样是上学，有人就能考第一名，有人却只能考最后一名？

背后核心的根源还是在于"自己本身"。

再厉害的操盘手，遇到不努力的IP，最后的结局只能是完蛋！

再厉害的老板，遇到不上进的员工，最后的结局也只能是失望！

再厉害的教练，遇到扶不上墙的学员，最后的结局只能是遗憾！

再厉害的老师，遇到不争气的学生，最后的结局只能是无奈！

一个老板犯的最大的错误，就是总想改变一个不会改变的员工！

一个教练犯的最大的错误，就是总想改变一个不求上进的学员！

一个老师犯的最大的错误，就是总想改变一个不愿努力的学生！

为什么咱们老祖宗会讲出"师父领进门，修行在个人"这句话？是因为师父能给的只能是这些，而最终能否取得成功，只能看自己！

在人生这条路上，我们需要无数个老师，但这些老师都只能送我们一程，让我们少走点弯路，或者走得更快一点，但是想要持续稳定走下去，走得更远，还得靠自己！

一个自己内在不行的老板，干什么都不行，一个不会向内看、向内求、反省自己的老板，公司永远不会成长和进步！

> **赵言慧语**
>
> 靠山山倒，靠人人跑，只有自己最可靠。

赚钱必须掌握系统性思维

老板想要赚钱，首先必须拥有系统性思维，而非仅仅局限于简单的赚钱目标思维。

那么，什么叫系统性思维呢？

举个例子：如果你想要减肥，减掉20斤，这只是目标思维。而深入探究为什么要减肥，明确减肥的动机，并制订出包括饮食、运动、休息在内的所有计划、步骤，以及应对减肥过程中可能出现问题的预防措施，这便是系统性思维。

接下来，你需要按照计划行事，比如每天早睡早起，保持正确的、合理的健康饮食习惯，注重营养摄入，规律地进行运动和锻炼，确保充足的休息。这一系列的行为和策略共同构成了系统性思维在实践中的应用。

相比之下，目标性思维往往只关注结果，容易让人变得急功近利，总想快速达成目标，反而可能导致欲速则不达。

而系统性思维虽然不一定能让你迅速看到结果，但它会帮助你保持稳定的节奏，让你始终保持在最接近成功的状态，随时准备迎接成功的到来。

比如,那些只凭目标思维行事的人,可能会不顾一切地拼命锻炼,不吃不睡,连续跑步5公里,3天后,却发现体重1斤未减。这样的结果可能会让他们难以接受,甚至认为自己锻炼失败,进而要么疯狂加大训练量,要么干脆放弃,觉得减肥太难。

然而,拥有系统性思维的人则不会这样看待问题,他们反而会认为这已经获得了阶段性的小成功,因为尽管体重没有下降,但至少他们坚持锻炼了3天,这是值得肯定的。他们相信只要持续下去,体重一定会下降。

这种正向的反馈和激励,正是系统性思维所带来的优势,它能够帮助你更快速地实现目标,赚到钱。

因此,越想要赚钱,就越不应该只盯着结果,而应该关注过程中的每个节点和细节。只有当过程好了,细节做好了,结果才会自然而然地水到渠成。否则,如果过程不好,细节不到位,那么结果很可能就是揠苗助长,适得其反。

赵言慧语

学会站在系统的角度思考问题,从此你就开启了上帝视角。

老板成长的 4 个阶段

世界上几乎没有一件事情，能够像赚钱这样直接地反映出一个人的综合能力。

如果你能赚钱，这至少说明你在智商、情商、胆识、为人处世、思维方式、判断能力、谈判能力、勤奋程度、认知水平以及商业技巧等方面都有相当不错的表现。

这些品质，正是一个人在社会中立足、发展的核心要素。

我特别欣赏这样几句话："如果你真的什么都懂，那为什么你的财富没有相应地积累呢？如果你的想法总是正确无误，为何你的口袋里没有你渴望的收获？如果你真的如自己所想般出类拔萃，为何现状并未如你所愿般辉煌？"

一个人的成功，绝非仅凭某一方面的优势就能达成，而是需要综合能力的系统运用与发挥。

同样，一家企业的成功，也不是依靠某一方面的单点突破，而是企业综合能力的全方位展现和系统化运用。

因此，我们不应只局限于学习某一点知识或技能，而应追求构建一个全面的知识体系或能力系统。在思考问题时，也要学会从系统的角度出发，全面考虑各种因素。

这就是为什么我们在课程中反复强调，一家企业要实现业绩增长，必须首先构建并优化流量、管理、模式这三大核心系统。这三者缺一不可，任何一个环节的缺失都可能导致企业发展的"瓶颈"。

成功往往源于对细节的全面把握和系统的有效运作，而失败则常常是因为在某个关键环节上的疏忽或不足。

因此,我们应不断向内审视自己,明确自己的优劣势,努力取长补短,并通过综合全面地学习来提升自己,最终实现理想中的结果。

切记,不要让自己成为一个才华横溢,却因缺乏系统思维和综合能力而陷入困境的"穷老板"。

在我一对一聊过这么多中小微企业老板后,我发现很多成功的老板路径都差不多,失败的老板原因也差不多。

我认为这应该是一个老板走向成功必经的4个阶段,以及每个阶段要做的最重要的事。

1. 做事阶段:做出案例,确认自己行

这是从0到1的突破,只能依靠自己的努力和实干,干出案例,你就站稳了脚跟;否则,你将难以立足。在这个阶段,任何虚假和捷径都只会导致失败。

2. 立名阶段:展示案例,证明给人看

你说自己行不算数,需要得到他人的认可和信任,通过更多厉害的人的推荐和广告,让更多人相信你,愿意与你合作。

3. 混圈阶段:带人做事,扩大能量圈

当你已经证明了自己的实力,就需要带领更多人一起成功。通过帮助他人,你也能够提升自己的影响力和扩大自己的资源圈。

4. 布局阶段:创造生态,掌握分配权

公司做大后,需要建立一个良好的生态系统,让每个环节都能持续发展。在合法合规的框架内,稳固建立自己的商业帝国,让公司保持生态平衡和稳健发展。

无论什么时候请记住,第一阶段永远是你的根基。这个根基必须你自己亲手打造，没有任何人能帮你。如果根基不稳，无论你如何努力做事、立名、混圈、布局，都可能功亏一篑。

当实力不具备的时候，飞得越高，摔得越惨，每个人最后总会回归到最真实的自己。

记住，太过浮夸繁华，终究只是昙花一现，最后就是尘归尘，土归土……

创业赚钱的过程是一个系统性的工程，我们需要按照正确的顺序去操作。做事是基础，立名是提升，混圈和布局是拓展，只有基于自己真正的实力获得的东西，才能长久！

赵言慧语

来得快的东西，去得也快，所有不是靠自己实力得到的东西，一定会靠自己的实力再弄丢。

创业后的 7 大感悟

自从创业以后，我最大的感悟有 7 点：

1. 一切都要靠自己，曾经偷过的懒最终都要自己承担后果，因此我再也不敢有丝毫懈怠。

2. 如果自身实力不够强大，那么即使是最信任的人也可能因为缺乏实力和不努力而选择离开。这不能怪别人现实，只能怪自己不够强大。最终，真正能帮到自己的只有自己。

3. 浪费时间是可耻的，它等同于糟蹋自己的生命。我不想再错失那些原本通过努力就能抓住的机会。

4. 要特别注意自己脑子里不经意间的每一个点子,并记录下来,因为你也不知道未来的某一天,一个小点子可能会改变你的人生轨迹!

5. 一个人的能力是有限的,因此,要想让创业之路越走越稳,就必须依靠团队作战,发挥每个人的优劣势,只有抱团才能打天下。

6. 面对让你不舒服的事情,如果你选择远离,那么你会感到轻松;但如果你选择面对并克服,那么你可能会迎来飞跃式的成长。

7. 要深刻意识到系统化学习的重要性,而不是碎片化的认知,碎片化会让人一叶障目,盲目自信,创业老板只有不断系统学习,才能掌握新的知识和技能,从而支撑自己的公司走得越来越远!

如何有效学习?先要明确学习的两大核心目的:

1. 学以致用

学了不用,永远都没用!

学了就用,越学越有用!

知而不行,不为真知!

行而不知,不为真行!

知中行,行中知,以行践言,以行践知,这叫"知行合一"。

2. 触发行动

真正的高手都是行动派的代言人,领袖都是理论的践行者,一旦有所触动,他们立刻会形成方案并付诸行动。

在我从事培训的这10多年里,我见过太多天天非常"认真学习"的学员，他们饱读经书，学遍各种知识，但结果往往并没有很大的改变。核心原因就是：知识是无限的，而人的生命和时间却是有限的。

人这一辈子，如果能认认真真地把一个学问或一个专业研究透彻，就已经非常了不起了。从某种程度上讲，学得太多也并不一定是好事。因此，我经常说，真正的大智慧是善于借鉴和使用有智慧的人的智慧。

比如，如果一个学员想拥有丰富的对企业管理培训行业的经验来做好自己的企业，有以下两种方式：一是自学钻研。他可能需要至少从事培训行业10年，亲自走访过200家以上年营收千万的公司，一对一沟通辅导过5000位以上的老板，结合自己的所学和实践，得出结论和经验。但这样的过程，无论是时间成本还是金钱成本都非常高昂，对大多数人来说难以做到。二是直接学习。很多老板一辈子经历的问题可能都没有培训专家这么多年见过的问题多。因此，与其耗时、耗力、耗资金去自学、钻研，还不一定能达到培训专家总结的效果，那不如直接跟着培训专家学习，购买经验和方案，拿回去就能用。

赵言慧语

学习的道理和知识只有用的时候才有用。

创业准备的 4 个要素

关于如何为创业作准备,有以下几点我觉得比较重要。

1. 见识比知识更重要。人生有限,而知识无穷,我们无法掌握世界上所有的知识。我们学习知识的目的,是增长见识、提升能力,让知识成为我们前进的敲门砖或杠杆。因此,如何让自己变得有见识、有判断力,才是更为关键的。

2. 智慧比聪明更重要。我们常常说某个人很聪明、智商高,从某种意义上说,这是天生的。有的人智商高,有的人智商低,智商高的人可能更聪明一点。所谓智慧,是你从人生经历、和朋友的交往、学习的知识中得来的,对你的人生有指导意义,帮助你迈向人生新境界、走向成功的一整套思维。所以人光聪明是不行的,更重要的是有智慧。

3. 胸怀比财富更重要。与财富相比,更加重要的是胸怀。胸怀是什么?是你在考虑问题的时候,能更多地考虑自己周围的朋友、合作者、同事、受众对象,有可以容纳世界的大格局。作为公司的一个新手,要有团队精神;为国家服务的时候,愿意把国家利益放在个人利益之前。所有这些,我觉得都是一种胸怀,所以我常说一个人要做公司的话,胸怀是第一位的。因为只有有胸怀的人,他做公司的时候才能够容纳自己的合作伙伴,才能跟自己的同事同甘共苦,才能在有利益的时候愿意利益共享。财富是可能会失去的,我们一不小心就会变成穷光蛋,但是一个人的胸怀是属于自己的,不管你怎么穷,如果有胸怀在，财富可能还是会来。

4.思考比执行更重要。在生活中，我们不仅要有很强的执行力，更重要的是善于思考，想问题，作总结，要反省自己犯的错误。如果我们只知道执行，只往前冲，不看冲的方向，那就有可能会掉到悬崖峭壁下面。所以更加重要的是在做事情以前，先想想这件事情正确不正确，值得不值得做，是不是对你的人生很重要。想清楚了以后再去做，就不会浪费我们的时间和生命，不会走弯路，更加重要的是，不会掉到坑里再也爬不起来。

除了以上4点，还必须具有良好的习惯和品德，这是人生根基。

赵言慧语

机会只留给有准备的人，成功则属于作好准备的人。

商业要理性而非感性

这么多年辅导学员,我发现很多中小企业之所以发展不起来,不是老板能力不行,而是这些老板都保有余力,保有余力的原因是感情用事。

所以我在辅导这些老板时,他们都很喜欢跟我说一句话,如果怎么样怎么样,我就怎么样怎么样……

我就会问一句话:要是现实中有那么多如果,假如的话,你早应该是百亿富翁了……

古人说:"慈不带兵,义不生财。"老板想成就事业,但凡老板无法摆脱情感的束缚,变得极其理性和冷静,事业就永远做不大……

企业想要发展,在公司框架内,老板一定要养成只对事不对人的习惯,永远记住一条:只认功劳,不认苦劳!

企业靠结果生存,没有结果公司就会倒闭,这才是老板最大的不作为,因为没有带大家走向更美好的未来。

在公司里,一切以战功论英雄,没有苦劳,只有功劳,苦劳不产生价值,只有功劳才会为公司带来价值!

没有哪家企业能够单纯依赖情感维系而持续发展,除非你公司提供的是情感服务,商业是个极其理性的过程,情感是我们提供价值后的衍生物,没有价值就没有情感,没有价值客户就不买单,公司就无法生存,若很有价值,即使没有情感,客户依然愿意买单,就像你买奢侈品没办法讲价一样,客户还是会乖乖买单,所以"价值"是商业的运转核心!

企业中的每个人，无论是老板、经理人，还是员工都要对结果负责，否则，企业就失去存在的基础，决策都会变成空谈，行动就会失去意义。

德鲁克有一句名言，管理是一种实践，其本质不在于"知"而在于"行"，其验证不在于逻辑，而在于成果！这句话是说，成功的管理就必须用结果来说话，管理的全部意义也就在于此。

从企业经营的角度来说，一万个真实的理由，抵不上一个好结果，理由不能当饭吃，而好的结果能！结果会为公司中的每一个人带来隐形价值，为每一个人的美好未来添砖加瓦！

赵言慧语

企业生存的核心，就是创造价值，没有价值，就没有存在的意义。

成熟的标志就是负责任

在人生的旅途中，犯错是不可避免的。然而，真正可怕的是犯了错误却不敢勇敢地去"承担"后果。这种逃避责任的态度会导致一错再错，形成恶性循环。相反，那些敢于主动"承担"责任的人，表现出对自己未来的信心和勇气。他们明白，只有通过面对和解决问题，才能不断成长和进步。

因此，评判一个人是否成熟，一个老板是否成功，其实只需要观察一个关键点：他是主动"承担责任"，还是经常"推卸责任"。勇于承担责任的人，即使只有6岁，也能展现出超越年龄的成熟；而那些总是推卸责任的人，即使已经60岁高龄，仍然像未长大的孩子。

作为领导者，你需要对团队的一切负责，确保团队的和谐与进步。

作为股东，你应该对合作的每一个细节负责，确保合作顺利进行。

作为老板，你需要对公司的一切负责，确保企业的稳定与发展。

管理是一门严肃的艺术，严是爱，宽是害。只有严格要求，才能快速提升能力。作为领导，不敢提出要求的真正原因只有一个：不愿承担责任。在你只是你自己的时候，你可以只考虑自己的感受和需求，可以随心所欲地做自己想做的事情。

但当你成为领导、股东、老板之后，你就不再只是你自己了，你需要主动承担起更多的责任和义务，为团队、合作、企业负责。

领导的不进步，是对团队的最大伤害；

股东的不进步，是对合作的最大伤害；

老板的不进步，是对企业的最大伤害。

如果你无法肩负起应有的责任与义务，不思进取，甚至玩忽职守，你就是那个在暗处捅刀的人，无情地伤害了所有给予你信任与期待的心灵。

世间万物皆有价，但信任却是无价之宝。一旦失去了信任，想要重新获得，将变得异常困难。因此，我们必须珍惜并维护这份无价的信任，不让它受到任何伤害。

> **赵言慧语**
>
> 　　敢于承担责任的人，都是值得尊重的人。勇于承担责任，是成为一个优秀领导者的重要素质之一。